A COISA MAIS IMPORTANTE

ADYASHANTI

A COISA MAIS IMPORTANTE

DESCOBRINDO A VERDADE
NA ESSÊNCIA DA VIDA

Tradução
Ivana Portella

MEROPE
editora

Copyright © Adyashanti, 2019
Copyright © Editora Merope, 2023
Tradução publicada sob licença exclusiva da Sounds True, Inc.
(Edição em língua portuguesa para o Brasil.)

CAPA	Desenho Editorial
PROJETO GRÁFICO E DIAGRAMAÇÃO	Desenho Editorial
COPIDESQUE	Isabela Talarico
REVISÃO	Hebe Ester Lucas
COORDENAÇÃO EDITORIAL	Opus Editorial
DIREÇÃO EDITORIAL	Editora Merope

Todos os direitos reservados.
Proibida a reprodução, no todo ou em parte,
através de quaisquer meios.

DADOS INTERNACIONAIS DE CATALOGAÇÃO NA PUBLICAÇÃO (CIP)
(CÂMARA BRASILEIRA DO LIVRO, SP, BRASIL)

Adyashanti, A coisa mais importante : descobrindo a verdade na essência da vida / Adyashanti ; tradução Ivana Portella. -- Belo Horizonte, MG : Editora Merope, 2023.

Título original: The most important thing: discovering truth at the heart of life
ISBN 978-85-69729-25-9

1. Consciência 2. Espiritualidade 3. Vida espiritual (Budismo) 4. Zen Budismo I. Título.

23-164481   CDD-294.3444

Índices para catálogo sistemático:
1. Vida espiritual : Budismo 294.3444
Eliane de Freitas Leite - Bibliotecária - CRB 8/8415

MEROPE EDITORA
Rua dos Guajajaras, 880 sala 808
30180-106 – Belo Horizonte – MG – Brasil
Fone/Fax: [55 31] 3222-8165
www.editoramerope.com.br

Em amorosa dedicação a meus pais, Larry e Carol Gray. Gratidão por me ensinarem a rir.

Agradecimentos. 09

Introdução 11

CAPÍTULO 1	Qual é a coisa mais importante?	15
CAPÍTULO 2	O poder de uma boa pergunta	21
CAPÍTULO 3	Você está a serviço de quê?	27
CAPÍTULO 4	O portal da dificuldade	35
CAPÍTULO 5	A interseção do amor e da graça	43
CAPÍTULO 6	Disposição para confiar no desconhecido . .	49
CAPÍTULO 7	Um elemento-surpresa	53
CAPÍTULO 8	A percepção fundamental	57
CAPÍTULO 9	Desafiados pela grande aflição do mundo. .	63
CAPÍTULO 10	Momentos vitais	71
CAPÍTULO 11	Sabedoria profunda na incerteza	75
CAPÍTULO 12	A vida é uma série de momentos desconhecidos	81
CAPÍTULO 13	Encontre Buda no caminho	89
CAPÍTULO 14	O segredinho sujo da prática espiritual . .	99
CAPÍTULO 15	A disposição para encontrar o silêncio . . .	105

CAPÍTULO 16	A essência da contemplação	113
CAPÍTULO 17	Sempre já em meditação	121
CAPÍTULO 18	Quando o universo contempla a si mesmo	127
CAPÍTULO 19	Consciente da consciência	135
CAPÍTULO 20	Conhece-te a ti mesmo	147
CAPÍTULO 21	Você é todo o meio	153
CAPÍTULO 22	A experiência anterior ao pensamento	157
CAPÍTULO 23	A simples alegria de ser	163
CAPÍTULO 24	A mente pura de Buda	173
CAPÍTULO 25	Aquiete-se	181
CAPÍTULO 26	Nascimento, vida e morte	187
CAPÍTULO 27	Você é Buda	201

Agradecimentos

Alguns anos atrás, eu estava sentado à mesa de jantar em minha casa com Tami Simon, fundadora da editora multimídia Sounds True, e Mitchell Clute, um editor e produtor que esteve intimamente envolvido com cada projeto da Sounds True que eu realizara recentemente. Compartilhei com ambos minha fantasia de um dia ter um pequeno estúdio de gravação em minha casa, para que pudesse nele entrar e gravar ensinamentos sempre que o espírito me tocasse. Para minha surpresa, Tami disse: "Vamos fazer isso acontecer, Adya. Onde você iria montá-lo?". Depois de recuperar-me do choque, refleti por alguns instantes e disse que havia um pequeno *closet* sob a escada que poderia servir. Tami então perguntou: "Qual a próxima coisa que você quer fazer com a Sounds True?".

Após um tempo de *brainstorming*, tivemos a ideia de gravar uma série de conversas sobre como a graça surge nos momentos corriqueiros da vida cotidiana. O programa foi intitulado *Momentos de Graça*, e desde os instantes iniciais esse projeto parecia estar perfumado de graça. Nada do que eu disser é suficiente para agradecer a Tami sua amizade e generosidade, bem como seus convites e encorajamentos constantes para produzir com a Sounds

True quaisquer ensinamentos que eu me sentisse inspirado a transmitir. Você é uma grande graça em minha vida e também uma verdadeira amiga de *dharma*. Toda a minha gratidão também a Mitchell Clute, que fielmente fez fluir não só este livro como também todos os meus projetos com a Sounds True. Sua dedicação e sabedoria estão presentes em tudo que faço com a Sounds True, e lhe agradeço do fundo do coração.

Quero estender meus eternos agradecimentos a Alice Peck, que teve a tarefa hercúlea de editar e organizar minhas divagações espontâneas em um manuscrito compreensível. Sua tarefa foi imensa, e você a desempenhou com tremendo cuidado e dedicação. Minha estima por você é extensa e profunda.

Também quero oferecer minha profunda gratidão a Jennifer Miles por seu lindo design de capa. Não consigo compreender como, do nada, você extrai de seu espírito criativo tão belas obras de arte, a cada projeto. Que sua fonte de criatividade continue a fluir infinitamente.

E, finalmente, quero expressar meu sincero reconhecimento a Aron Arnold, gerente de estúdio na Sounds True, por transformar meu pequeno *closet* sob a escada em um maravilhoso estúdio de gravação. Que muitos anos de gravações fluam como resultado de tornar realidade minha pequena fantasia.

Adyashanti

Los Gatos, Califórnia

2018

Introdução

Cada pedacinho de nossa vida interior é tão surpreendente, desconcertante e misterioso como a infinita vastidão do cosmo.

Desde que vivem neste pequeno planeta azul entre as estrelas, seres humanos cognitivamente capazes contam histórias. As narrativas começaram há muito tempo, com nossos ancestrais sentados ao redor da segurança de uma fogueira nas noites de lua cheia, relembrando os eventos do dia ou do ano ou de seus parentes distantes. E, apesar de termos desenvolvido uma tecnologia muito além do que nossos ancestrais pudessem imaginar, ainda contamos histórias uns aos outros diariamente e, em nossa mente, talvez quase a cada minuto. Cada momento em nossa vida é uma história em criação, uma novela infindável em que novos capítulos são vividos diariamente. Se estivermos atentos, vamos notar que algumas dessas histórias contêm momentos de graça, quando somos agraciados com sabedoria ou amor e entendimento. Elas podem iluminar e transformar nossas vidas para melhor.

Em 2017, comecei a gravar uma série semanal para a Sounds True chamada *Momentos de Graça*, por meio da qual eu esperava transmitir algumas dessas histórias de sabedoria de minha própria vida. À medida que gravava histórias que me brindavam com algum *insight* ou uma melhor compreensão do amor, passei a notar um tema emergente. De uma maneira ou de outra, cada história que eu contava me mostrava como era vital estar orientado para uma consciência do que chamo de "a coisa mais importante". Cada história significativa em minha vida era uma expressão da importância essencial de ser capaz de discernir o que verdadeiramente importava na vida. Cada história parecia lapidar minha habilidade de discernir o mais importante em cada situação que eu vivenciava. Ao recontar essas histórias impactantes da minha vida, eu estava também revivendo e reexaminando o poder paradoxal da intenção e da graça.

Com o passar das semanas, conforme tentava recordar histórias do meu passado que haviam moldado meu caráter e minha vida, eventualmente acabei esticando ao máximo minha péssima memória. Para dizer a verdade, raramente vivo no passado, mas ao gravar a série *Momentos de Graça* tive a oportunidade de reviver algumas das histórias significativas de minha vida e reconsiderar seu impacto. Foi uma experiência maravilhosa e esclarecedora, e à medida que o projeto avançava comecei a me interessar mais por elucidar a sabedoria e o amor que havia obtido por meio dessas histórias e como é possível encontrar esse mesmo manancial de sabedoria e amor dentro de nós.

Nossa vida oferece tudo de que precisamos para obter a sabedoria e o amor mais profundos – se pudermos aprender a não nos deixar ser capturados pela espiral negativa e confusa que a mente frequentemente cria e, em vez disso, extrair conhecimento útil e esclarecedor de nossa própria experiência direta. Isso exige uma consciência disciplinada e atenção afiada para a experiência de ser a cada momento, assim como grande honestidade e sinceridade de coração. Descobri que somente ao assumir total responsabilidade por minha experiência de ser a cada momento mantenho tanto um senso de soberania quanto um sentimento de conectividade com quem estiver me relacionando. Parece que a experiência da graça, quando novos *insights* e entendimentos se abrem espontaneamente dentro de nós, está intimamente relacionada às intenções e prioridades pelas quais vivemos (embora não diretamente causada por elas). Esse paradoxo de intenção e graça está incorporado ao desdobramento de nossa vida e às histórias e ensinamentos deste livro.

Cada pedacinho de nossa vida interior é tão surpreendente, desconcertante e misterioso como a infinita vastidão do cosmo. Afinal, somos, cada um de nós, expressões individuais do ser consciente e contemos a vastidão do cosmo dentro de nós, assim como somos contidos por ele. Olhar internamente e atender ao antigo chamado de conhecer a nós mesmos talvez seja a maior e a mais estranha das aventuras. É a chave para despertar a verdade de nosso ser e para viver a mais evoluída das vidas que possamos imaginar, individual e coletivamente. Minha esperança é que este livro possa não só entretê-los e animá-los, mas também oferecer-lhes ferramentas para mergulhar profundamente na experiência imediata de ser, de forma que possam encontrar sua própria experiência de graça ao estar atentos à coisa mais importante.

1

Qual é a coisa mais importante?

Nenhum mestre espiritual, não importa quão sábio, e nenhum ensinamento, não importa quão profundo, podem substituir a descoberta do que é importante para você.

Qual é a coisa mais importante para você? Não as dez mais, não as cinco mais, não as três mais, não as duas mais, mas *a mais importante*. É o despertar? É amor? É paz? Poderia continuar listando possibilidades, mas pense em sua vida espiritual, a parte em que você mergulha profundamente na busca de significado. Por "significado" não me refiro ao significado da vida – que acaba sendo teórico. Falo de significado como o que nos dá uma sensação de vitalidade, de vivacidade, inspiração, calma e alegria.

Conduzi algumas pesquisas a respeito da coisa mais importante e olhei para esse tópico de diferentes ângulos, conversando com executivos, atletas, músicos, escritores, artistas de toda sorte e com quaisquer pessoas que tenham se destacado em algo. Tanto quanto consigo me lembrar, estava interessado em pessoas que faziam bem as coisas. Tais pessoas tendem a ter uma habilidade para definir o que é mais importante, para conhecê-lo em seu próprio ser e para mobilizar seus recursos para alcançá-lo. Se pensarmos sobre isso, qualquer indivíduo que atinja uma excelência incomum – poderíamos listar aqui Warren Buffet, Miles Davis, Michelângelo, Buda ou Jesus e outras figuras espirituais – tem um sentido de direção e um sentimento genuíno sobre a coisa mais importante de sua vida.

A coisa mais importante para Buda era seu reconhecimento da condição humana que envolve sofrimento: doenças, velhice e morte. Ele perguntou: "Existe uma solução para essa imensa questão do sofrimento para cada ser humano?", e orientou toda a sua vida em torno dessa questão. Deixou esposa, filhos e sua posição na sociedade. Afastou-se de tudo e tornou-se um *sadhu*, alguém que renuncia. A maioria de nós não fará isso. E tudo bem, pois imitar algo que outros fizeram é um dos erros que cometemos. Não deveríamos dizer: "Se Buda deixou tudo para trás, eu preciso fazer o mesmo". Mais importante do que sua renúncia é o foco de Buda, a sensação de que ele encontrou o mais importante para si. O ato de deixar tudo para trás para seguir seu questionamento não é importante: o que importa é sua resposta à pergunta. Para Jesus, eu diria que foi colocar o dedo de Deus em todas as coisas – isso era o mais importante para ele.

Existe uma clareza ao se descobrir qual a coisa mais importante para si. Quando converso com as pessoas, especialmente quando estou ensinando, frequentemente pergunto: "Qual o significado de sua vida espiritual? Qual é o foco? O que você quer?". As pessoas respondem: "A iluminação", ao que replico: "O que isso significa para você? Qual é a iluminação que está buscando?". Explico: "Não me refiro ao 'discurso de venda' da iluminação. Não estou falando do que alguém prometeu que a iluminação iria lhe dar". O discurso de venda pode prometer a felicidade eterna, um fim para o infortúnio ou para o sofrimento, e uma vida que seja suave e benevolente, em que todos o amem e apreciem. Isso tem pouco a ver com a iluminação.

Peço às pessoas que me digam não o que lhes foi vendido, mas o que querem. Quando pensam sobre a coisa mais importante que estão buscando, o que isso significa? A espiritualidade é minha disciplina, mas é possível aplicar essa mesma pergunta a qualquer área da vida – a relacionamentos, arte, esportes ou entretenimento. Raramente somos ensinados a fazer isso. Ao contrário, nossa cultura, família e amigos nos dizem quais são as coisas mais importantes na vida, então aceitamos e absorvemos essas histórias sem muita reflexão.

Se jamais questionamos, focamos nossa vida naquilo que estamos condicionados a focar, até o dia em que compreendemos: *isso em que estive focado não era assim tão importante para mim.* Uma reorientação acontece quando as pessoas atingem a meia-idade, pois é a etapa da vida em que já realizaram bastante, conquistaram bastante ou estiveram andando em círculos o suficiente para começar a refletir se isso é satisfatório. *É o bastante?* Esse é o momento em que reexaminamos e começamos a fazer perguntas: *É isso que eu quero? Qual é a coisa mais importante para mim?*

Quando questiono as pessoas sobre o significado de sua vida espiritual, é surpreendente quão poucas reservaram um tempo ou se impuseram uma disciplina mental para chegar a uma conclusão sobre isso. Leram um livro após o outro, trabalharam com um professor após o outro e até mesmo praticaram anos de meditação ou outra prática espiritual; no entanto, estão buscando algo que outros definiram para elas, pensando: *isso soa muito bem, vou atrás disso.* Mas não estão descobrindo a orientação única que pertence somente a elas e à sua vida. Ninguém pode lhes dar isso. Nenhum mestre espiritual, não importa quão sábio, e nenhum ensinamento, não importa quão profundo, podem substituir a descoberta do que é importante para você. Quando pergunto às pessoas o que é o mais importante, seus olhos se movem para cima, para a esquerda, para a direita, como se estivessem buscando memórias para uma resposta a essa pergunta. Mas se sabemos o que é o mais importante para nós, nossa resposta é imediata. Não precisamos pensar a respeito – está aí. Tais pessoas sabem o que fazem e por que o fazem. Elas sabem qual é a coisa mais importante.

Ao olhar para trás e refletir sobre o que orienta a minha vida, sobre minha fonte de inspiração e aspiração, vejo que foi um desdobramento do que era importante para mim *naquele momento*. Todos nós temos fases na vida em que diferentes coisas são importantes. Existem aspectos em nós que sustentam sua importância por toda a vida, e outras coisas que se esgotam, levando-nos a nos mover para a próxima. Você poderia aplicar esse conceito a qualquer momento e se perguntar: *qual a coisa mais importante agora?* Não o que surge de sua cabeça ou mesmo de seu coração, mas do que emerge das profundezas de suas entranhas. *O que é?*

Olhei para tudo em que já me destacara. Quando eu era jovem, era disléxico, e na primeira série tinha dificuldade para ler. Tomei uma decisão. Descobri qual era a coisa mais importante para mim naquela época: aprender a ler tão bem quanto todos os outros. Meus pais contrataram um tutor, e eu trabalhei, trabalhei e tinha um foco. Em menos de um ano, estava pronto para deslanchar na leitura. Quando cheguei ao ensino médio, lia como um universitário. Isso porque eu havia descoberto o que era mais importante para mim, sabia o que era essencial e sustentei isso com ação. Ação é a segunda parte desse processo – fazer algo para alcançar o que é mais importante, e não apenas pensar sobre o assunto e esperar por isso.

Mais tarde na vida, pratiquei várias modalidades esportivas. Quando tinha 18 anos, era ciclista de um nível relativamente alto, e por certo tempo isso foi o mais importante. Aquilo me inspirava; recorria aos meus recursos mais profundos. Focava as corridas e estava disposto a fazer o que fosse preciso para me destacar. Não tinha problemas com motivação; nem em querer treinar. Naquela época, eu percorria entre 480 e 650 quilômetros semanais com minha bicicleta. Mesmo quando o clima estava ventoso ou tempestuoso, eu pedalava sob chuvas torrenciais, às vezes por quatro ou cinco horas seguidas. Para me motivar, pensava que 80% ou 90% dos competidores não estavam treinando. Embora pudessem estar praticando *indoor* por cerca de uma hora, a maioria não pedalaria *outdoor* sob uma tempestade. *Mas eu, sim.* Usava isso como motivação. Concentrava meu desejo no que era mais importante, pedalar em condições adversas, e por causa desse foco eu me destacava.

Tudo em que me destaquei ao longo da vida aconteceu porque era o mais importante para mim. Eu sabia por que estava lá, o que estava fazendo, o que me inspirava e o que buscava; sabia o que era o mais importante. Em relação à espiritualidade, compreendi que existem muitas ideias distintas sobre o que deveria ser uma vida espiritual. Descobri que tinha de me desconectar de como outros a definiam e continuar a retornar ao que me pertencia verdadeiramente. Evitava as armadilhas da iluminação, pois não estava buscando alcançar várias coisas que imaginamos ser a espiritualidade. Queria saber o que era a verdade – a mais profunda, a mais fundamental verdade da existência – e dar uma contribuição positiva à vida. *O que é essa coisa chamada verdade, chamada iluminação?* Essa era minha pergunta e minha obsessão motivadora. O desejo da verdade esteve comigo de diferentes formas, tanto quanto consigo me lembrar.

E você? Qual é a coisa mais importante em sua vida? Não assuma que é a primeira ideia que brota em sua mente. Descobrir isso pode demandar uma investigação verdadeira e séria contemplação, mas valerá o esforço e poderá ser um ponto de virada em qualquer área de sua vida. Ao mergulhar fundo, ao impor uma disciplina mental e não se contentar com a resposta rápida, simples, que possa ter aprendido de alguém, encontrará o que ninguém pode lhe dar e que só pertence a você mesmo. Não estou pedindo que me diga o que acredita que eu possa considerar ser o mais importante para você, pois não cabe a mim definir isso para alguém. Cada um deve definir por si mesmo. É preciso impor disciplina – e quando digo "disciplina", quero dizer que é preciso refletir e meditar durante dias ou meses para entender o verdadeiro sentido disso.

Como um professor espiritual, percebi que definir a coisa mais importante *é* o mais importante. É o primeiro passo. Até que o faça, sua vida nem mesmo lhe pertence.

O PODER DE UMA BOA PERGUNTA

É preciso estar disposto a nadar contra a corrente, contra a realidade consensual.

Eis aqui uma citação maravilhosa do escritor francês do século 19 Pierre-Marc-Gaston de Lévis: "É mais fácil julgar a mente de um homem por suas perguntas do que por suas respostas". Adoro esse tipo de pensamento, pois vira de pernas para o ar a nossa forma de olhar as coisas. Somos orientados pelo que chamo de "realidade consensual" – aquilo com que a maioria concorda –, mas encontrar a coisa mais importante depende de não aceitarmos ideias, crenças e opiniões de terceiros, porque a forma como a maioria das pessoas segue pela vida nem sempre conduz à profundidade, alegria, inspiração e paz essenciais.

As perguntas que fazemos são incrivelmente importantes. *O que é o mais importante na minha vida espiritual? O que orienta toda a minha vida espiritual?* É possível aplicar essa linha de indagação aos seus relacionamentos. *Qual o significado de minhas amizades e romances? O que é o mais importante nesta pessoa para mim?* O tema de sua investigação também poderia ser o trabalho. *O que é o mais importante em relação ao meu sustento?* Como acessamos nossas profundezas com esse tipo de pergunta, esse nem sempre é um processo fácil ou confortável. É preciso estar disposto a nadar contra a corrente, contra a realidade consensual e contra aquilo que todos pensam ser a verdade e a resposta correta.

Como Lévis sugeriu, as respostas não são tão importantes quanto as perguntas – mas nosso condicionamento gira em torno de respostas. Quando estamos na escola e chega a hora dos exames, queremos ter a resposta certa; queremos regurgitar o que nos ensinaram. Isso é o esperado e é parte da aprendizagem. Infelizmente, pelo menos no meu pensar, essa é uma grande parte da educação, pois somos ensinados a nos preencher com as respostas de outros, e não a encontrar a nossa própria. Parte disso é resultado da necessidade prática – memorizar certas respostas nos ajuda a aprender a ler, a lidar com a matemática e a entender as ciências. Mas, no que diz respeito à nossa vida, à nossa sensação de felicidade, bem-estar e amor, bem como à nossa contribuição para esta vida preciosa e breve, repetir as respostas de terceiros não nos ajuda a responder às grandes perguntas: Com o que você quer contribuir? De que forma está contribuindo? O que é importante para *você*?

Sou um grande apaixonado por perguntas profundas e de profundidade. Chamo isso de "investigar". Perguntar não é seguro; as respostas, sim. Aceitar as respostas de terceiros é seguro, uma ideologia é segura, e uma teologia é segura. Buscamos as respostas "certas" porque acreditamos que elas nos farão sentir reconfortados, vão nos proteger e nos isolar do sofrimento. Agarramo-nos à primeira coisa que nos faça sentir melhores, mas a verdade pode fazê-lo sentir-se melhor ou não – algumas verdades são lindas; outras, chocantes. No entanto, uma grande vitalidade advém da descoberta de qualquer verdade, pois aquilo que é real é carregado de força vital, energia e poder.

Geralmente, quando queremos conhecer alguém, estamos buscamos respostas. "Qual a sua profissão? O que faz para se divertir? De que filmes você gosta? Qual seu livro favorito?" Queremos saber, e tudo bem que assim seja, pois faz parte da comunicação humana. Mas perguntar para alguém qual a questão mais importante em sua vida pode ser uma forma bem melhor de conhecê-la do que indagar sobre sua ocupação ou local de residência.

São nossas perguntas que têm força se queremos viver uma vida inspirada e que tenha um grande significado para nós. Não estou me referindo ao sentido convencional de "significado" – como quando dizemos "Este é o significado da minha vida" e, então, o definimos – nem a algo prático, como na sentença "Quatro é a soma de dois mais dois". Refiro-me ao sentimento vivo do significado – a experiência de estar extraordinariamente vivo, aqui e presente. Esse é um significado profundo, mesmo que um significado não possa ser traduzido em palavras, pois é uma experiência e não uma definição.

As perguntas nos aproximam mais das experiências, embora com frequência sejam paradoxais: quando as formulamos, a resposta imediata é uma resposta condicionada. Mergulhar a fundo nessas perguntas, olhar profundamente para dentro de si mesmo é sua própria prática espiritual. *Qual é a coisa mais importante?* Muitas das respostas que temos internamente estão aí porque, em algum momento, elas nos fizeram sentir reconfortados, seguros ou protegidos, mas à custa de perder a rica experiência de ser, existir, viver e até mesmo fazer. O preço de não fazermos perguntas criteriosas é que tendemos a viver no piloto automático e unicamente a partir de nossos condicionamentos, a maioria dos quais foi impressa em nós por nossa cultura e sociedade, nossa família e amigos, a educação que recebemos e a realidade consensual em que todos caem sem nem mesmo a conhecer. Qualquer pessoa que esteja envolvida em algum tipo de excelência ou de realização profunda tende a questionar a realidade consensual, especialmente pessoas espirituais como Buda, Jesus e tantos outros. Elas não se contentam com um sistema de crenças reconfortante e não vivem de acordo com ele somente porque as autoridades sugeriram que é assim que o mundo funciona ou porque tal coisa é a verdade; elas exploram essas questões internamente.

O grande mitólogo Joseph Campbell parafraseou Carl Jung, afirmando que a religião existe para nos proteger da verdadeira experiência religiosa. Como ela faz isso? Dizendo-nos como tudo funciona dentro de uma ideologia da teologia ou de um sistema de crenças. Nós respondemos: "Tudo bem, isso me parece bom, vou acatar isso, é como as coisas são"; mas, ao fazermos isso, desconectamo-nos da verdadeira revelação, pois o lugar onde a revelação ocorre dentro de nós é o desconhecido. O dogma preenche o desconhecido em nós com o conhecido; a religião nos preenche e caminhamos com uma nova ideologia que exclui experiências religiosas ou espirituais significativas. Isso não significa que pessoas religiosas não tenham experiências religiosas ou espirituais. Elas as têm *apesar* de suas crenças, mas não por causa delas. Embora possam ter um sistema de crenças, elas continuam a ir além do dogma e de meras ideias.

Não importa qual seja a crença – teísta, ateísta, dualística, não dualística. São nossas respostas que nos cegam. Escondemo-nos atrás delas e as usamos para nos proteger da grande insegurança de encarar nossa confusão e dúvidas, em vez de mergulhar em nossa consciência de forma profunda.

Mesmo que saibamos não aceitar as respostas que nos são dadas, as perguntas que fazemos também podem ser condicionadas. Às vezes, as perguntas úteis são aquelas que são perigosas – aquelas que sentimos que ameaçam nossa realidade consensual. Os tipos certos de perguntas vão sacudir nossa visão de mundo. Ao fazer essas perguntas, você vai começar a encontrar formas pelas quais se autodefiniu, se autolimitou e que não são quem e o que você é. Esse tipo de questionamento é grandioso.

A espiritualidade profunda orbita em torno de perguntas existenciais, e todos nós temos as nossas. A sua pode ser: *Qual o meu lugar no universo? O que é Deus? O que é a vida? O que está acontecendo aqui?* Para mim foi uma pergunta espiritual comum – *Quem sou eu?* – que desafiou minhas suposições. Um dia, no início de minha prática espiritual, a pergunta surgiu durante a meditação. Pensei: *Espere um momento. Nem sei quem sou. Nem sei quem é o 'eu' que está buscando a iluminação. Se não sei quem sou, com base em que estou fazendo outras perguntas?* Ocorreu-me que estava buscando a iluminação, mas eu nem sabia quem a buscava. Compreendi que seria melhor ir diretamente para quem sou eu. De repente tudo foi colocado em um contexto diferente – a iluminação que eu procurava não parecia tão importante quanto quem a procurava. Essa pergunta foi perturbadora quando chegou a mim. Como um tapa na cara, ela rearranjou meu sistema de prioridades, pois era uma pergunta mais profunda do que as outras que fizera a mim mesmo. Assim que se apresentou, eu sabia que tinha encontrado minha orientação; tinha encontrado a coisa mais importante na minha vida espiritual.

Quando descobrimos o que é mais importante, isso chega a nós com tamanha intensidade que nos sentimos inseguros, pois nos faz questionar tudo. É inquietante, mas ao mesmo tempo inspirador, porque existe uma grande energia e uma qualidade expansiva em fazer uma pergunta de verdadeira importância. Em geral, as respostas verdadeiras a essas perguntas existenciais não são aquelas que podemos anotar em um livro; elas são mais revelações do que respostas. Assim como não é possível descrever verdadeiramente a experiência de beber um copo de água para alguém que jamais soube o que é um copo de água; a melhor coisa a fazer é dar-lhe um copo de água para que a pessoa possa experimentá-lo por si mesma. Água! Contar-lhe como é não será a mesma coisa.

É isto o que perguntas importantes causam: elas abrem um espaço interno em nós, removendo os detritos preconcebidos para que algo novo e transformador possa emergir. É isto o que quero lhes oferecer: suas perguntas – a beleza, a inspiração, a insegurança delas –, porque é onde estão seu potencial e sua revelação. Na verdade, como um professor espiritual, descobri que uma das coisas mais importantes que posso fazer é questionar a suposição que as pessoas têm de que o despertar espiritual profundo é um evento incomum. Mesmo estudantes ardentes acreditam que é extraordinário e difícil. Mas, e se não for assim tão raro e difícil? E se tais crenças não forem verdadeiras? Questione suas suposições, apoie-se no desconhecido. Questione tudo. Quando fazemos isso, compreendemos que o despertar que buscamos é possível.

3

VOCÊ ESTÁ A SERVIÇO DE QUÊ?

Não se trata de ser uma pessoa boa; é algo bem mais profundo.

Estou a serviço de quê? Essa é uma das minhas perguntas prediletas. É um "despertador". Uma prática de consciência e de honestidade. É uma das perguntas importantes, assim como *Ao que estou me doando? Qual o significado da minha vida? Quem sou eu?* e *O que é Deus?* Se não fazemos essas perguntas importantes, tendemos a perambular pela vida, deslizando pela superfície e agindo e reagindo a partir de pontos de vista e padrões de comportamento arraigados.

Servir não é uma ideia ou ideal estritamente espiritual; parte da experiência humana é servir e retribuir. Ser humano é auxiliar de algum modo e nutrir o bem-estar de outros. Uma das belezas do servir é que estamos simultaneamente participando de nosso bem-estar. Isso aponta para algo essencial sobre o servir: quando praticado a partir de um senso de totalidade, quando provém de um transbordamento e de um compartilhar de uma abundância interna, é enriquecedor e uma afirmação à vida – não apenas para nós, mas para qualquer pessoa envolvida no que estivermos tentando servir.

Quando reflito sobre o servir, penso em minha primeira professora, Arvis Joen Justi. Nos meus 20 anos, interessei-me pelo zen-budismo depois de ler um livro de Alan Watts. Não consigo me lembrar qual era, mas naquela época, no início dos anos 1980, Watts era um escritor popular e um dos primeiros a trazer ensinamentos espirituais do Oriente para o Ocidente. Seu livro me levou a outro, *Journey of Awakening*, de Ram Dass, no fim do qual havia uma relação de centros espirituais e contemplativos em todo os Estados Unidos. Naquela época, existiam poucos mosteiros zen, ou templos, ou retiros de ioga, de forma que a listagem ocupava poucas páginas; hoje, seriam necessários volumes. Um dos centros era o Los Gatos Zen Group, que ficava a quinze minutos de onde eu morava no Norte da Califórnia. Vibrei! Não tinha a menor ideia de que grupo era, mas liguei e conversei com uma mulher que se tornou minha professora – Arvis.

Ela me passou instruções para chegar a seu espaço ao pé das montanhas em Los Gatos. Mesmo sendo próxima à minha casa, a localização parecia obscura, e me perdi algumas vezes no caminho. Quando finalmente cheguei, deparei-me com uma casa. Não sei o que estava esperando, mas acho que não esperava uma casa comum! Não estava certo de estar no endereço correto. Chequei e tornei a verificar. Finalmente, desci do meu carro e caminhei pelo pavimento da entrada. Havia um aviso na porta, "Zazen", e uma seta apontando para a parte dos fundos da casa. Sabia que "zazen" era o termo budista para meditação e, por isso, imaginei estar no lugar certo.

Caminhei para o quintal, subi as escadas e cheguei a umas portas corrediças no fundo da casa. Tudo era pouco usual. Uma mulher, entre 50 e 60 anos, abriu a porta dos fundos e eu vi um outro aviso que dizia: "Favor tirar os sapatos". Tirei meus sapatos e olhei para a mulher a fim de descobrir o que fazer. Tudo que ela fez foi olhar para meus sapatos. Fiz o mesmo e percebi quão desordenadamente eu os tinha jogado – um sobre o outro. Eles não foram colocados com atenção, ou com atenção plena, ou com cuidado. Recebi sua mensagem silenciosa. Abaixei-me e arrumei meus sapatos cuidadosamente, um ao lado do outro. Ela deu um grande sorriso e disse: "Bem-vindo"!

Recebi um ensinamento completo de Arvis naqueles primeiros momentos embaraçosos. Ao chamar minha atenção para o jeito descuidado com que tratei meus sapatos, ela me deu a primeira lição sobre o significado de estar consciente, presente em tudo, e não só às poucas coisas que consideramos importantes. Trata-se de prestar atenção, de estar extraordinariamente consciente do que está acontecendo dentro de nós e à nossa volta. Foi um belo ensinamento, completo, que ainda dialoga comigo após décadas.

Meditei com Arvis naquele dia e continuei retornando. Com o tempo, vi quanta devoção e serviço ela oferecia. Abriu sua casa para estranhos por mais de trinta anos. Sua sala estava arrumada para meditação – almofadas pretas sobre tapetes de ioga pretos e a pequena figura de um *bodhisattva* à entrada da sala. Tudo era modesto e simples. Arvis abria sua agenda todo domingo e preparava uma palestra. Não pedia nada em troca. Eu ficava impressionado com seu jeito calmo, humilde e a tremenda força sob sua humildade – um reservatório de clareza e sabedoria, de um modo mais desperto de ver e experienciar.

Jamais vou deixar de refletir sobre sua grande devoção para servir algo que era importante – algo que ela amava. Quando começou a oferecer ensinamentos em sua casa, ela se sentava depois de preparar tudo, mesmo que ninguém aparecesse. Mesmo assim, escrevia uma palestra, arrumava a sala de meditação e abria sua casa toda semana, uma após a outra. Às vezes, por compaixão, seu marido sentava-se com ela, mas, na maioria das vezes, ela se sentava sozinha.

Continuou a fazer isso por um ano sem que uma única pessoa aparecesse. Isso é dedicação! Que serviço ao *dharma*, aos ensinamentos budistas – não estar a serviço de quantas pessoas viessem, de números ou medidas convencionais de sucesso, mas fazer o que se sentia chamada a fazer. Depois de um ano, uma pessoa apareceu, e no ano seguinte Arvis se reunia com aquela pessoa. Elas se sentavam juntas todo domingo pela manhã, e Arvis dava sua palestra para a audiência de uma pessoa. À medida que a notícia foi se espalhando lentamente, mais pessoas foram chegando, até que, eventualmente, ela reunia quinze ou vinte pessoas.

Sua dedicação era um grande ensinamento para mim. Tocava meu coração porque falava sobre o que é o servir: a disposição de nos colocarmos na posição de doar, de ser uma corporificação daquilo a que estamos dedicados e de colocar nossa vida, tempo, atenção e energia nas coisas mais importantes. Mesmo quando se sentava sozinha em sua sala, Arvis estava a serviço de todas as pessoas que pudessem aparecer no futuro.

Muitos anos depois, acabei sendo uma dessas pessoas.

Arvis estava disposta a servir ao *dharma* serena e humildemente. Não precisava de templo, vestimentas e cerimônias oficiais, embora pudesse ser extremamente direta na hora dos ensinamentos budistas; não tinha confusão, e era possível ver sua dedicação à verdade. Arvis passou mais de trinta anos dando seguimento a uma linhagem de ensino da verdade, assim como seu professor, Taizan Maezumi Roshi, e o professor de Roshi, Hakuun Yasutani, cujos professores também o haviam feito por mais de mil anos. Essas foram pessoas que serviram o que amavam. De seu ponto de vista, mesmo quando se sentava sozinha ela estava em ótima companhia – uma longa linhagem de professores de *dharma*.

No momento presente, todos nós estamos servindo à nossa maneira; somos todos parte de uma linhagem. Queiramos ou não, todos estamos passando algo adiante e afetamos uns aos outros, consciente e inconscientemente. Mas não se pergunte simplesmente de que linhagem você veio; investigue a continuação de sua linhagem. Com o que você está contribuindo? A que você está servindo?

Tudo é tão fácil para nós no Ocidente. Estamos tão condicionados a estar na estrutura mental do consumidor, sempre perguntando *O que isso pode fazer por mim?* – por exemplo, *O que este filme pode trazer para mim? O que essa pessoa pode fazer por mim?* Se é um ensinamento espiritual: *O que este ensinamento pode fazer por mim?* Se é uma caminhada no parque: *O que esta caminhada pode fazer por mim?* É uma atitude, uma postura. O que se perde é o reconhecimento de que somos parte da vida de outros; estamos afetando o mundo e os seres à nossa volta. Isso revela toda a noção daquilo a que estamos a serviço. Nossa vida é uma expressão de quê? Qual é a nossa contribuição?

Mesmo não sendo especialmente *top* ou popular nos dias de hoje, a ideia da necessidade de servir faz parte de toda tradição espiritual ou religiosa. Não se trata de ser uma pessoa boa; é algo bem mais profundo. Tem a ver com conectar-se com o que é importante em nossa vida – com o que é chamado de "as virtudes do leito de morte". David Brooks, um analista e autor, faz uma distinção entre "virtudes de currículo" e "virtudes de obituário". Virtudes de currículo são as coisas que contamos a alguém – por exemplo, a um empregador – quando estamos tentando nos *vender*. São as coisas que realizamos e em que obtivemos sucesso, em que somos bons e o que nos dá dinheiro. E, como disse Brooks, existem nossas virtudes de obituário – aquelas que gostaríamos que fossem mencionadas ao sermos lembrados em nosso funeral. Elas nos conectam às nossas partes mais profundas: o efeito que temos sobre as pessoas e a vida ao nosso redor.

Contemplar as virtudes de obituário ajuda-nos a olhar para dentro e nos leva de volta à noção de serviço. *Estou a serviço de* quê? *Como posso estar a serviço da coisa mais profunda que conheço?* Medite a respeito. Sente-se com as perguntas e fique em silêncio com elas. O mais importante para nós pode ser a verdade, a liberdade, a iluminação, o amor ou a compaixão. Descobrimos o que é importante quando olhamos para aquilo a que devotamos nosso tempo e atenção. Tempo e atenção são nossas duas *commodities* mais preciosas e resguardadas como seres humanos modernos. Pense nisto: a maioria de nós doará dinheiro a uma causa antes de dedicar nosso tempo e atenção a ela.

Não estou sugerindo impor uma nova ideia sobre o que "deveríamos" fazer: "Eu deveria estar contribuindo desta forma ou daquela maneira". O "deveria" obscurece a bondade natural e a energia inspiradora do coração. Por isso, devemos estar vigilantes para que nossa mente não transforme serviço em obrigação. Tem mais a ver com cada momento de clareza, *insight* ou revelação que resulte na possibilidade de ser colocado em ação ou de ser expresso de alguma maneira. Pensamos de forma grandiosa – parece que atualmente todos querem mudar o mundo –, e às vezes tenho a sensação de que muitas pessoas não querem ser incomodadas com o servir a algo, a menos que possam criar um efeito público, visível, ou que suas ações possam ter um significado cósmico. Isso não é serviço; é autoengrandecimento narcisista. O verdadeiro serviço é uma energia humilde. É buscar onde é possível servir àquilo que se ama. *Como posso participar do que amo? Como posso ser uma expressão daquilo que amo?* Não de uma forma perfeita – você pode desaparecer em muito autojulgamento se olhar por essas lentes –, mas de um modo modesto e aspiracional.

Existe outra maneira de olhar para o servir. Quando silenciosamente direcionou minha atenção para como eu tinha colocado meus sapatos, Arvis me deu um vislumbre de como estar a serviço de algo reflete como estou a serviço de todo o resto. Demonstrou a importância de não dividir o mundo em "coisas que merecem minha atenção, meu amor e meu serviço, e coisas que não merecem", o que é olhar por lentes dualísticas e autocentradas.

Às vezes as pessoas me dizem: "Bem, você é um professor espiritual, então está servindo constantemente". Imagine se a única vez que eu estivesse a serviço – o único momento em que servisse ao *dharma* – fosse quando me visse sobre um tablado diante de um grupo de pessoas. Isso seria extremamente limitador. Faria de mim um *performista*, e meu *dharma* seria um ato – algo que eu não faço em outros momentos da minha vida. Eu ensino porque minha professora me pediu para ensinar, e faço isso com alegria, mesmo quando é desafiador, ou quando estou cansado, ou entrando em outro avião e tenho de ficar longe de casa. Existe uma razão por trás de tudo isso: estou servindo a algo que vejo como verdadeiramente valioso.

No entanto, essa não é a única via de serviço, para mim ou para outros. Muito está no desdobramento da vida humana, momento a momento: os embates com o mundo à nossa volta, com o jeito como colocamos nossos sapatos, com a próxima pessoa com quem conversaremos, com a próxima situação em que nos veremos. Durante esses momentos em sua própria vida, pergunte-se: *Estou a serviço de quê?* Quando estamos servindo às qualidades da vida que consideramos mais valiosas, há um benefício adicional, pois tendemos a ficar mais felizes quando estamos a serviço das coisas que amamos do que quando estamos apenas tentando obter mais do que amamos.

Se você está na posição de consumidor, você se sente "menos": existe um sentimento de não ter o bastante, de precisar de mais e de querer mais que o faz se sentir inadequado. Porém, se começar seu dia pensando: *Hoje vou realizar um ato de serviço para alguém ou algo como uma expressão daquilo que aprecio em meu coração e daquilo que amo; vou fazer um gesto nessa direção, mesmo que seja pequeno,* ficará surpreso com quanto é maravilhoso participar e estar alinhado ao servir. Nunca sentimos tamanha alegria como quando estamos engajados no bem-estar de outros. Essa é uma das coisas mais belas sobre o servir, juntamente com a possibilidade de que alguém ou algo mais possa se beneficiar. Sinto um estado real de gratidão e apreciação por qualquer pessoa que tenha me servido ou que esteve a serviço de algo importante, como Arvis serviu ao *dharma* durante todos aqueles anos. Essa gratidão me permite fazer o que faço. Sinto-me preenchido por um sentimento maravilhoso e de inspiração quando me pergunto: *Estou a serviço de quê?*

4

O PORTAL DA DIFICULDADE

Remover as máscaras é o caminho espiritual.

Após meditar com Arvis por algum tempo, decidi participar de um retiro de silêncio de meditação zen durante uma semana. Arvis disse: "Simpatizo com um professor chamado Jakusho Kwong no Sonoma Mountain Zen Center. Talvez seja um bom lugar para você ir". Estava entusiasmado por vivenciar um autêntico retiro em um templo zen-budista com todos os acessórios – os sinos, os mantos, os rituais, tudo.

Cheguei lá no final da tarde, e o retiro deveria começar no início da noite. Depois de jantarmos, fomos ao zendo para a primeira sessão de meditação. Era um lugar bem formal, e eu não tinha a menor ideia das normas de comportamento. Houve uma instrução mínima, e aprendi o que deveria fazer observando outras pessoas, o que reforçou minha percepção consciente de imediato. Sentei-me na almofada com toda a minha alegre antecipação sobre aquela experiência quando o sino do templo tocou três vezes para começar o período de meditação.

Assim que soou o sino, a adrenalina fluiu pelo meu corpo. Não era medo, mas todo o meu sistema entrou no modo lutar ou fugir. Tudo em que podia pensar era *Como eu saio daqui? Me deixem sair daqui!*, o que era estúpido, já que cinco minutos antes eu estava superentusiasmado por estar lá.

Felizmente, uma voz serena e suave dentro de mim falou: *Você não tem ideia de quanto isso é importante. Você tem que ficar.* Então, embora tivesse experimentado picos de adrenalina 24 horas por dia durante cinco dias e noites seguidos, não tenha dormido durante todo o retiro e aventasse a possibilidade de ir embora várias vezes, consegui ficar – porcamente – e terminar. Não foi um começo auspicioso para um futuro professor espiritual, mas foi isso o que aconteceu. Jamais soube exatamente por que tive aquela reação, mas tenho um palpite. Quando se participa de um retiro como aquele, algo em seu íntimo diz: *Ah, cara, agora não tem mais jeito. Não é um faz de conta. É real.* Algo em mim sabia que aquilo seria uma completa reorientação de vida. Não compreendi isso de modo consciente, mas inconscientemente meu ego reagiu como se ameaçado: *É isso. Este cara está considerando a natureza de seu próprio ser tanto quanto o impulso egoico que comanda o restante da vida.*

Em alguns aspectos, meu primeiro retiro foi um desastre. A única coisa que me manteve firme foi um mantra que surgiu no segundo dia. Mil vezes durante aqueles cinco dias e noites eu dizia a mim mesmo: *Eu nunca, jamais, vou fazer isso novamente.* Esse foi meu grande mantra espiritual.

Uma das coisas que me impressionou durante aquele retiro foi que Kwong – o *roshi*, ou professor – dava uma palestra diária que era minha trégua, pois eu podia me sentar, ouvir e me entreter. Era uma pausa da meditação que castigava os ossos, do silêncio sem fim e da dor nos meus joelhos e costas. Kwong tinha retornado havia pouco tempo de uma viagem à Índia que o impactara muito. Eu podia afirmar isso porque, ao recontar as histórias de sua viagem, as lágrimas escorriam por suas bochechas e pingavam de seu queixo.

Uma história me tocou especialmente. Kwong estava andando por uma via suja de uma área pobre. Algumas crianças brincavam com uma bola e um pedaço de pau no meio da rua. Havia um garoto à parte do grupo, como se banido. Ele olhava os outros meninos jogarem e seu rosto ostentava um semblante triste. Tinha o palato fendido, de forma que seu lábio superior era seriamente deformado. Kwong foi até o garoto, mas, como não falavam a mesma língua, não sabia o que dizer. Houve um momento de indecisão e, então, Kwong tomou a mão do menino em uma de suas mãos e com a outra tirou dinheiro de seu bolso. Apontou para uma pequena mercearia que vendia sorvete e lhe deu o dinheiro. Achei uma forma doce de oferecer certo conforto e de reconhecer a existência daquele pobre garoto, sua solidão.

Ao fazê-lo, Kwong apontou para o grupo de crianças que pareciam ter rejeitado o garoto, como se dissesse "Vá lá, reúna os meninos e compre sorvete para eles". Ele deu ao garoto dinheiro suficiente para comprar doces para todos. O garoto acenou para eles e apontou a lojinha de sorvete, e todos se juntaram ao menino que estivera triste e solitário. De repente ele era o herói! Ele tinha dinheiro e estava comprando sorvete para todos. As crianças estavam rindo e conversando com ele. Ele fora incluído no grupo.

Kwong sentou-se na posição de lótus completa sobre a almofada, com seus belos mantos marrons de professor, e contou essa história com uma voz ressonante, suave, profundamente tocada pela pobreza que viu e pela solidão daquele garoto. Ele jamais escondeu suas lágrimas e nunca pareceu se envergonhar de sua emoção. Observar outro homem corporificar essa justaposição de grande força e suavidade ensinou-me mais sobre a verdadeira masculinidade do que qualquer outra coisa em minha vida. Ouvi-lo falar com tanto destemor foi extraordinário para mim. Para um jovem, aluno zen aspirante, ter isso como meu primeiro encontro com um mestre zen foi um tremendo golpe de sorte e graça, especialmente porque durante todo o retiro, exceto pelas palestras, eu estava preso por um fio. Continuei a estudar com Kwong, fiz alguns retiros com ele ao longo dos anos e apreciava sua enorme sabedoria, mas nunca mais o vi no estado em que ficou naquele primeiro retiro. Sua franqueza e dignidade foram ensinamentos poderosos – foi como ser banhado pela graça.

Desde então, participei e conduzi centenas de retiros, mas ainda olho para trás, para aquele primeiro encontro com Kwong, como o pior absoluto e o melhor absoluto em minha vida. Não soube quão fortemente tinha sido afetado por ele até alguns meses depois. Permanecer com o quer que emergisse em mim, apesar de estar inundado de adrenalina, ficar sentado com aquilo de forma nua e crua durante todas aquelas horas de meditação, em vez de sair correndo, foi profundo. Quando estamos passando por tal experiência, ao sermos forçados ao limite, não vemos isso como graça, mas a verdadeira graça era eu estar naquele ambiente. Estava em um lugar onde eu não podia ir a canto algum, onde não podia ligar a tevê, ouvir rádio, pegar um livro ou participar de uma discussão. Tive de encarar a totalidade da minha experiência. Depois, quando tentava descrever o retiro para as pessoas, acabava em lágrimas – não lágrimas de tristeza nem mesmo de alegria, mas de profundidade. Toquei algo que era tão significativo, vital e importante que aquilo abriu meu coração.

À medida que caminhamos pela vida, acabamos acumulando experiência suficiente para ver que, às vezes, a dificuldade profunda pode também abrir profundamente o coração. Quando estamos em uma posição difícil, quando enfrentamos algo sério, quando nos sentimos desafiados e estamos no nosso limite, é uma dádiva ter a disposição para parar, sentar-se com tais momentos e não buscar a solução rápida e fácil para tal sentimento. É uma espécie de graça ser capaz e estar disposto a se abrir totalmente à experiência do desafio, da dificuldade e da insegurança.

Há a graça leve e a graça sombria. A graça leve é quando se tem uma revelação – quando *insights* acontecem. Despertar é uma graça leve; é como o sol surgindo por trás das nuvens. Os corações se abrem e velhas identidades desmoronam. E há a graça sombria, como a que tive naquele retiro. Não me refiro a "sombria" no sentido de sinistra ou má, mas no sentido de navegar a sombra em busca de luz. Não se pode ver o caminho através do que quer que estejamos vivenciando, do que quer que seja o desafio. Uma das coisas mais surpreendentes que a meditação diária me ensinou ao longo desses muitos anos é ter a sabedoria e a graça para, calma e silenciosamente, estar com o que quer que se apresente, com o que estiver aí, sem buscar uma solução ou explicação.

Ver a si mesmo é a essência de uma disciplina espiritual como a meditação. Quando as pessoas estão em retiros comigo, meditamos por cinco ou seis períodos ao dia. A ideia da meditação não é a de se aprimorar nela – seja qual for sua definição do que é ser "bom" em meditação –; mas o mais importante, o mais valioso, a razão por que meditamos é encontrar a nós mesmos. Se não estiver usando a meditação para se esconder de sua experiência ou para transcendê-la ou para se concentrar em fugir dela; se estiver serenamente presente, a meditação força a honestidade. É um caminho extraordinariamente verdadeiro para experienciar a si mesmo a cada momento. Essa disposição de encontrar a si mesmo é vitalmente importante. É uma chave para a vida espiritual e para o despertar: estar presente para o que for. Às vezes, "o que for" é mundano; algumas vezes é pleno de luz, graça e *insights*; e em outros momentos começa como uma graça sombria, em que não sabemos para onde vamos ou como atravessá-la, e então, de repente, há luz.

Uma das coisas mais agradáveis da meditação é que, ao nos sentarmos com esses momentos quando emergem, começamos a confiar neles e na graça sombria. Percebemos que é em nos sentir perdidos que nossa verdadeira natureza encontra a si mesma. Na meditação nós nos encontramos, e ela extrai uma honestidade real *se* estivermos prontos para ela. Você pode ler sobre coisas continuamente, ouvir palestras incansavelmente e assumir que entendeu ou que absorveu, mas, se puder estar consigo de forma silenciosa sem fugir, essa é a honestidade necessária. Quando formos capazes de não fazer nada e estar extraordinariamente felizes e em paz com isso, teremos encontrado a tranquilidade dentro de nós.

Com a experiência, descobrimos que podemos confiar nos momentos quando não sabemos que caminho seguir, quando sentimos que jamais teremos as respostas. Sabemos que podemos parar aí e ouvir. Esta é a essência da meditação: é o ato de ouvir de forma profunda. Poderíamos reduzir toda a espiritualidade à arte e à prática de ouvir o nada e confiar na dificuldade. Foi o que aprendi naquele primeiro retiro. Ele me ensinou que um encontro direto com o desafio é um portal para acessar nossas profundezas, ficando cara a cara com o mais importante, e sendo capaz de confiar no desdobramento de nossa vida.

Como professor, uma das coisas que mais vejo é a incapacidade das pessoas de confiar em sua vida – em seus problemas e, algumas vezes, até mesmo em seus sucessos. É uma incapacidade de confiar que sua vida é seu próprio mestre, que é exatamente na maneira como sua vida humana está se expressando que reside a mais elevada sabedoria, e que as pessoas podem acessá-la *se* puderem sentar em silêncio e ouvir. Se puderem mergulhar em si mesmas, em seu próprio estado de nada ser, e permitirem que a dificuldade as desnude do seu estado de ser alguém, então poderão viver sem as máscaras de sua persona. Falando espiritualmente, é exatamente o que queremos: remover as máscaras. Às vezes, nós as removemos por livre e espontânea vontade; às vezes, elas caem por si; em outras ocasiões, elas são arrancadas.

Remover as máscaras *é* o caminho espiritual. Não tem a ver com criar novas máscaras – nem mesmo máscaras espirituais. Não se trata de deixar de ser uma pessoa mundana para tornar-se uma pessoa espiritual ou de negociar um ego espiritual por um ego materialista. É uma questão de autenticidade e da capacidade de confiar na vida, mesmo que ela seja tremendamente dura. É parar exatamente onde estiver e entrar no ouvir, na disponibilidade e abertura profundas. Se você se sentir maravilhoso, se sentirá maravilhoso; se você se sentir perdido, se sentirá perdido, mas pode confiar em estar perdido. É possível fazer isso sem conversar consigo a respeito e sem criar uma história em torno disso. Devemos encontrar a capacidade de confiar em nós mesmos e na vida – em tudo, independentemente do que seja –, pois é isso que permite que a luz brilhe e que a revelação surja.

Percebemos isso quando paramos e ouvimos, não com nossos ouvidos e não com nossa mente, mas com nosso coração, com uma qualidade suave e íntima de consciência que nos abre além de nossas formas condicionadas de vivenciar cada momento. Meu primeiro retiro, por mais difícil que tenha sido, ensinou-me que as coisas mais surpreendentes podem brotar das experiências mais difíceis se nos dedicarmos a nos abrir à situação. Essa é a essência da meditação e daquilo que é preciso para descobrir quem e o que somos, à medida que nos afastamos das coisas externas em direção à fonte do amor, da sabedoria, da liberdade e da felicidade dentro de nós. É aí que você vai descobrir o mais importante.

5

A INTERSEÇÃO DO AMOR E DA GRAÇA

A espiritualidade, em seu sentido mais profundo, desperta-nos para quem somos e liberta nosso jeito humano inato de sermos presenças benéficas, amorosas e gentis no mundo.

Para mim, uma das coisas mais importantes é a graça. Ela vem quando recebemos um *insight*, algo belo, amor, uma abertura ou uma revelação sobre o mundo. Em termos espirituais, frequentemente pensamos na graça em relação às experiências, mas às vezes a graça é o desaparecimento de algo – acordamos e notamos que um fardo foi removido. Práticas espirituais nos abrem para os dois tipos de graça.

Quando contemplo a graça, penso em meu avô Harold. Tínhamos um relacionamento maravilhoso. Ele era uma pessoa extraordinária, embora não demonstrasse isso exteriormente. Cresceu na extrema pobreza, mas tinha um espírito leve e uma bondade de coração naturais. Ele é o primeiro verdadeiro cristão que já conheci. Não que falasse muito sobre cristianismo, mas essa foi uma parte enorme de sua vida, e seu comportamento corporificava a virtude cristã de uma forma muito natural. Não quero sugerir que fosse uma pessoa perfeita ou que não deixasse minha avó louca algumas vezes, mas seu coração era aberto e generoso.

Uma de minhas grandes alegrias no início da pré-adolescência era jogar golfe com meu avô e seu melhor amigo, seu vizinho de porta havia cinquenta anos. John era um alemão corpulento de cabelos bem curtos, um engenheiro aposentado. Meu avô e John eram totalmente opostos. John era tenso e muito certinho. Tinha o pavio curto e podia ficar nervoso, mas havia algo lindo nele – tinha um bom coração. Essa característica podia passar despercebida quando alguém encontrava com ele pela primeira vez, mas eu a via em sua relação com meu avô. Os dois eram amigos fantásticos.

Não sei como John se sentia sobre o fato de meu avô me levar a seus jogos de golfe. Talvez ele apenas tolerasse ter por perto um garoto de 11, 12 anos, mas me tratava bem. Eu adorava jogar golfe com eles (embora fosse, como ainda sou, um péssimo jogador), e meu avô ficava feliz por eu estar lá.

Meu avô não era autoconsciente. Fazia coisas pelo mero prazer de fazê-las, sem qualquer consideração (que eu pudesse ver) pelo que alguém poderia pensar. Um de seus hábitos prediletos quando íamos jogar golfe era esconder um pedaço de pão no fundo de sua sacola. Ao longo do percurso, próximo a um pequeno lago onde havia alguns patos, ele pegava o pão e atirava nacos às aves. Não demorava muito para que trinta ou cinquenta patos fossem gingando pelo *fairway* (parte lisa do campo de golfe entre os buracos), seguindo meu avô, como a um flautista, enquanto ele jogava pedaços de pão sobre os ombros. Notávamos o caos à medida que caminhávamos para o próximo gramado rodeados por um grande bando de patos e gansos e observávamos a expressão dos outros jogadores.

Como criança, eu achava aquilo maravilhoso. John, no entanto, odiava. Ele resmungava baixinho: "Droga, Harold. Você precisa alimentar os patos todas as vezes?". John reclamava e meu avô alegremente o ignorava e continuava alimentando os patos, sentindo-se feliz e leve. A cena toda era uma grande consternação para John, pois não condizia com sua concepção do que o decoro apropriado do golfe ditava. Seguir aqueles dois ao longo do percurso de golfe era uma das coisas mais engraçadas e hilárias que já fiz na minha vida.

Sendo um péssimo jogador, não demorava muito para que eu lançasse uma bola em um riacho ou lago. Quando isso acontecia, meu avô arregaçava a calça, tirava seus sapatos e se arrastava na água procurando minha bola e todas as outras que pudesse resgatar. Ele saía com um largo sorriso no rosto e com dez ou doze bolas nas mãos. Devolvia a minha bola juntamente com todas as outras que tinha encontrado. E ficava tão orgulhoso! Eu achava encantador ver alguém com a idade do meu avô se divertindo, mas John não se sentia bem com outra quebra de decoro. Isso não quer dizer que meu avô não se importava com o que John pensava – algumas vezes eu o vi se conter, para agradar a John –, mas meu avô era quem era: um ser de grande generosidade de coração e mente aberta.

Certa vez, meu avô e eu fizemos uma longa viagem, da Califórnia até o meio do Alasca pela Alaska Highway, que na época tinha mais de mil e seiscentos quilômetros de estrada de terra batida. Que aventura! Dirigíamos a maior parte do dia e parávamos em um *camping* à noite. Depois que assentávamos acampamento, meu avô fazia suas andanças, apresentando-se às pessoas e puxando conversa. Tinha uma forma incrível de se conectar com as pessoas.

Quando se aposentou, dedicou sua vida a servir. Ia até as prisões para conversar com os prisioneiros sobre sua fé cristã e entregava alimentos para a organização de trabalho voluntário Meals on Wheels. Poderia continuar falando sobre as coisas que ele fazia. Meu avô compartilhava o tipo de amor que se estende a todos os seres – um maravilhoso amor cristão. O indivíduo comum olha para tudo pelas lentes de seu próprio condicionamento. Meu avô, no entanto – que também tinha o próprio condicionamento – era conduzido por seu coração. Mostrou-me o impacto que um único ser humano pode ter nas vidas das pessoas ao seu redor. Não deixava que a opinião de ninguém atrapalhasse sua expressão de amor e alegria. Esta foi uma lição profunda: estar com alguém que era quem era e que aceitava todos como eram.

Meu avô dedicou toda a sua vida a ser um bom cristão. Para ele o cristianismo não era dogma: era uma presença benéfica e amorosa no mundo e na vida das pessoas. Ele tinha esses valores tão internalizados que se transformou neles. Era cristão de um modo natural e espontâneo. Essa era sua grande dádiva. Quando uma pessoa estava com ele, ela não duvidava de que ele a aceitava e a amava. A espiritualidade, em seu sentido mais profundo, desperta-nos para quem somos e liberta nosso jeito humano inato de sermos presenças benéficas, amorosas e gentis no mundo.

Meu avô dizia que queria morrer em um bote inflável ou barco em um lago alpino, no alto das montanhas Sierra Nevada da Califórnia. Ele amava essas montanhas, assim como eu, e adorava passar um tempo nos lagos. Não sei de onde tirou a ideia de um bote inflável, mas adorava pescar. Ele tinha um problema cardíaco por causa de um vírus que contraiu quando era jovem e trabalhava nas minas de aço – lugares quentes, perigosos, terríveis, especialmente nos anos 1930 e 1940. Como era pobre, não pôde tirar uma licença quando adoeceu e continuou trabalhando, então o vírus atacou e dilatou seu coração. Ele sempre acreditou que essa seria a causa de seu fim. E assim foi. Em algum momento, por volta dos 70 anos, ele faleceu em um de seus lagos favoritos, no alto das Sierras – deitado em um bote inflável! Teve um ataque do coração e morreu no lago, exatamente como desejou.

Quando meu avô se foi, não me senti triste ou pesaroso. Ele teve uma vida tão notável – difícil algumas vezes, mas viveu com alegria e fez a passagem com alegria. Era um espírito tão leve, tão carinhoso que fui envolvido na atmosfera interior de gratidão pelo que ele representou em minha vida e que vivenciei estando em sua companhia. Conhecê-lo elevou minha consciência sobre os papéis que desempenhamos na vida uns dos outros por meio da qualidade de nossa interação, por estarmos sinceramente presentes e por podermos colocar amor e graça em ação em cada momento – essa foi a graça que me avô me concedeu.

DISPOSIÇÃO PARA CONFIAR NO DESCONHECIDO

A graça chega em vários pacotes – alguns deles facilmente, como um presente; outros, com dificuldade.

"Graça" é uma palavra bastante usada na espiritualidade e mesmo fora dela. As pessoas falam sobre suas experiências de graça como um avanço ou realização repentina. A definição cristã de graça é "a dádiva de mérito não merecido" – quando sentimos que recebemos um presente do universo ou de Deus por uma razão que não entendemos. Talvez não sintamos que a merecemos; a única coisa que sabemos é que nós não a criamos pessoalmente. Sentimo-nos afortunados e abençoados. O despertar espiritual em si é graça – sorte inesperada, dádiva de Deus. A graça chega em vários pacotes – alguns deles facilmente, como um presente; outros, com dificuldade.

No entanto, ao refletir sobre esta palavra – "graça" –, percebo que ela significa mais do que esses momentos de mérito sem merecimento. Se virmos a graça somente assim, então não poderemos reconhecer o aspecto da graça que abre nossos corações e mentes, tornando-nos disponíveis para o desdobrar de novos *insights* ou da verdade. O que nos abre à graça é o *movimento* da graça. Damos os grandes saltos em nosso desenvolvimento e entendimento durante momentos difíceis – quando vivenciamos a perda de um ente querido, de um amigo, de um trabalho, de um relacionamento ou da saúde; quando sentimos que estamos sendo empurrados para o nosso limite. Esses momentos raramente parecem plenos de graça, mas são os mais reveladores. Algumas vezes, quando parece que estamos distantes da graça – de qualquer entendimento vital ou de uma nova perspectiva que possa nos mudar em algum nível fundamental, quando estamos à beira do desconhecido e não sabemos para onde ir –, é quando nos aproximamos dela.

Isso não quer dizer que devemos ser forçados até o nosso limite, pois não existe lei que afirme que "o caminho para estar disponível à graça é passar por muito sofrimento". Podemos sofrer e ainda assim não experimentar nenhuma proximidade. Algumas pessoas sofrem durante toda a vida e nunca alcançam um entendimento mais profundo das coisas. Elas estão em um estado de resistência condicionada, agarrando-se firmemente e sem disposição de olhar para a vida de uma maneira nova. Aceitaram a realidade consensual e dos hábitos, mesmo que não esteja funcionando e mesmo que esteja causando dor. Elas podem estar sofrendo, mas pelo menos é um sofrimento familiar. Às vezes, para que os momentos de graça ocorram, precisamos deixar para trás esse condicionamento e encontrar a intensidade da perda, a intensidade da confusão e a intensidade de ter de lidar com algo esmagador – especialmente se somos resistentes. A graça é a disposição de ver um padrão como padrão, de ver que algo não está funcionando no jeito como vivemos e perceber que não seremos capazes de nos ver fora disso.

O aspecto da graça que frequentemente não é discutido é nossa participação. A graça é sempre um presente, mas às vezes devemos trabalhar para recebê-la. Qual é nossa resposta individual que nos abre à graça? É a disposição de abraçar a incognoscibilidade de uma nova forma de ser e de se relacionar com o que está ocorrendo. A oportunidade surge quando nos encontramos entre o jeito condicionado de ser e o tumulto psicológico, e percebemos que não sabemos o que fazer naquela situação. Se nesse momento estivermos dispostos a abraçar a insegurança, a transformação acontece. A graça surge. É por isso que os grandes saltos em nossa evolução pessoal e humana frequentemente acontecem por meio de algumas das experiências mais difíceis na vida. Às vezes nos libertamos porque estamos desesperados. Estamos cansados de sofrer, não podemos mais sustentar isso e estamos dispostos a nos libertar, mesmo sem ter a menor ideia de qual será o resultado. O que sabemos é que estamos sofrendo e deixamos de resistir. É preciso um ato de desespero – ou um ato de fé – para nos abrir.

Isto é graça: a disposição de confiar no desconhecido. É também o âmago de uma prece profunda. Como vários místicos cristãos disseram, a prece mais profunda não são nossas palavras – dizer a Deus o que queremos ou precisamos –, mas um estado de escuta silenciosa, esperando uma resposta para algo. Assim como a prece, a meditação em seu sentido mais profundo é um ato de fé, confiança e de se desprender do controle. É o desejo de uma resposta a uma pergunta ou de uma resolução para uma dificuldade, enquanto permanecemos abertos para *receber* a resposta de algum lugar. Quer se pense nesse "algum lugar" como Deus, como sabedoria universal, como algo desconhecido ou como a dimensão inexplorada de nossa consciência, não importa. O importante é confiar internamente e se desprender, e no geral é o desespero que conduz a esses momentos de confiança. Quando exaurimos as outras opções, tudo o que temos a fazer é nos abrir, ouvir e estar disponíveis. Chegar a esse lugar simples de disponibilidade pode exigir bastante dor, luta e sofrimento.

É quando podemos começar a ouvir, em vez de reafirmar nossa confusão; podemos nos abrir ao não saber, que é seu próprio silêncio e quietude. Não é a quietude da disciplina ou do esforço. É a quietude de uma sabedoria que nos torna disponíveis para ver que algo novo, algo que não podemos nem imaginar, precisa emergir de dentro de nós. Não é algo que criamos – não é um plano de três passos –, mas algo que intrinsecamente emerge das profundezas de nossa consciência. Quando o internalizamos – não meramente pensamos ou acreditamos, mas começamos a ver sua necessidade absoluta –, isso traz seu próprio ouvir; nosso corpo torna-se um instrumento sensível. Não estamos tentando escapar de um momento de dificuldade ou confusão ou perturbação emocional, mas nos permitindo estar exatamente onde estamos, à beira do desconhecido e da necessidade de uma nova maneira de ser.

À medida que entramos em um estado mais profundo de ouvir e de disponibilidade, não estamos mais fugindo do que é, da situação ou do sentimento, mas nos abrindo a isso sem intenção. Esse processo não é fácil – é preciso grande humildade para aceitar que não se pode esclarecer o desconhecido –, mas é possível entrar em seu domínio, no terreno da disponibilidade. Esse é o ambiente onde a graça emerge. Parece que vem de nenhum lugar, mas devemos ser capazes de acessar esse estado de nenhum lugar. Você pode chamá-lo como quiser. Como o rotulamos não é tão importante quanto compreender a necessidade de estar disponível para ele.

A graça está sempre aí. Não é dada por um cara barbudo no céu que escolhe quem a recebe e quem não a recebe. A única coisa que muda é nossa disponibilidade de estar abertos à sabedoria e ao amor de onde surgem os *insights*.

7

UM ELEMENTO-SURPRESA

Este momento é tão surpreendente. Você não pode imaginar quão extraordinário é este momento.

As maneiras como a graça revela a si mesma são abrangentes e vastas. Pense no momento em que Moisés viu Deus no arbusto em chamas. Foi uma tremenda graça. Quando Moisés subiu a montanha, não creio que tivesse uma ideia real do que iria encontrar. De repente surgiu uma visão de um arbusto em chamas e, a partir daquele momento, sua vida foi irrevogavelmente alterada. Ele desceu a montanha sustentando um presente – uma nova visão da vida, da realidade e de Deus. O mesmo se deu com o despertar de Buda sob a figueira. Não creio que ele tenha se sentado e pensado: "Hoje é o dia!". A graça tem um elemento-surpresa. Por ser não merecida, sentimos como se algo tivesse caído sobre nós; fácil ou difícil, podemos estar disponíveis para ela, mas não podemos causá-la diretamente.

Existem outras formas de graça. Um amigo meu que tem dois filhos conta como o nascimento de seu primeiro filho o transformou para sempre. Ele jamais imaginara, nem em seus sonhos mais loucos, que pudesse experienciar a profundidade e a qualidade de amor que sentiu quando o bebê nasceu. Este reorientou sua vida. Foi tão poderoso que antes de sua esposa dar à luz a segunda criança, ele se perguntou se poderia ter a mesma extraordinária qualidade vívida de amor. Parecia incompreensível que pudesse acontecer novamente. Essa é uma graça real, que transforma a vida.

Existe a graça que acontece quando as coisas não estão nem um pouco bem, quando nos apoiamos no desconhecido e recebemos algo profundo. Descobri que quando algo não está indo do jeito que imaginávamos ou queríamos que fosse, se estivermos verdadeiramente disponíveis para o que está acontecendo e para o modo que está ocorrendo, podemos nos abrir e responder à graça. A trajetória vai começar a melhorar, vamos virar uma esquina e encontrar algo com o qual jamais havíamos sonhado.

E existem os momentos de graça raramente reconhecidos – como a dádiva de acordar de manhã (mesmo que algumas manhãs possam não parecer um presente) e respirar, alongar os braços, sentir o coração bater. É uma graça não provocada. Ela não ocorre como resultado de algo que se tenha feito, assim como você não tem, necessariamente, mérito por seu coração estar batendo, seus pulmões estarem funcionando ou por poder sentir as palmas de suas mãos. Esse mistério extraordinário e esmagador chamado vida é uma dádiva, e tudo o que precisamos fazer é recebê-la.

Existe outro aspecto da experiência da graça que normalmente não é mencionado: o que significa retribuir o que nos foi dado. A graça é uma via de mão dupla; é uma dádiva que é recebida e um presente que busca ser dado. Recebemos a graça apenas para retribuí-la, e quanto mais damos, mais abertos estamos para recebê-la. É como um círculo que só pode completar a si mesmo quando encontramos alguma forma de corporificar ou expressar nossos momentos de graça. Se não o fizermos, se formos somente consumidores da graça, talvez possamos despender muito tempo esperando por ela, sem perceber que ser capaz de oferecê-la – nosso tempo e atenção, um momento de consciência, de verdadeira disponibilidade, de percepção consciente sincera e afetuosa – significa corporificá-la.

Uma dádiva da graça que jamais vou esquecer me foi dada pelo meu professor do quarto ano, dr. Vogel. Ele era um homem maravilhoso e talvez tenha sido o primeiro Buda que encontrei. Era verdadeiramente um ser iluminado. Naquele ano, tínhamos que fazer palestras em frente à classe. Deveria ser um discurso de uma página, nem mais nem menos. Quando chegou minha vez, eu estava nervoso. Nunca tinha feito algo parecido. Caminhei para a frente da sala, coloquei meu papel no atril e olhei para os outros alunos. Seus olhos estavam cravados em mim. Entrei em pânico de tal forma que, quando olhei para o meu discurso, não conseguia entender minhas palavras. Minha mente estava tão aturdida e tão embotada pelo medo que eu não conseguia ler. Isso piorou o pânico.

Levantei meus olhos e vi o dr. Vogel no fundo da sala. Ele era um homem rechonchudo e suas mãos estavam cruzadas sobre sua grande barriga. *Vestiu* o sorriso mais amplo e beatífico, e sorriu com tamanha alegria e amor que foi uma transmissão – sua consciência na minha. Seu sentimento de que tudo estava bem me alcançou, como se estivesse dizendo: "Garoto, este momento é tão surpreendente. Você não pode imaginar quão extraordinário é este momento".

Lá estava eu, totalmente em pânico, porém sua expressão me dizia que aquele momento era perfeito. Olhei para seu rosto e pude sentir o que ele estava sentindo. Podia sentir a energia de sua confiança entrando em meu corpo e me preenchendo como um balão, e, quando olhei novamente para minha folha de papel, podia ler as palavras. Mas eu não li aquele discurso. Olhei diretamente nos olhos de meus colegas e comecei a falar espontaneamente.

Falei por cerca de dez minutos, e foi tão fácil e prazeroso que eu estava nas nuvens, pleno de felicidade e bem-estar.

Desde aquele momento, sou capaz de falar em público com facilidade e certo grau de confiança, não importa o tamanho do grupo. É por isso que posso fazer o que faço como professor espiritual, mesmo sendo uma pessoa tímida por natureza. Devo isso ao dr. Vogel do meu quarto ano. Ele me transmitiu a graça. Posso imaginar que muitos outros adultos iriam se sentir desconfortáveis se vissem uma criança em pânico. Elas entrariam em pânico por você. Dr. Vogel, não. Ele sorriu para mim, não porque estava tentando me ajudar, mas porque sabia que tudo estava bem. Ele sabia nas profundezas de seu ser que aquele era um momento glorioso e fantástico, e direcionou como um raio aquela verdade do fundo da sala – uma transmissão de graça sem palavras.

Refleti sobre isso diversas vezes, não só por ter sido um momento de graça para mim, mas porque ele estava oferecendo graça – a graça de sua certeza da perfeição daquele momento e da minha. Ele tinha total e absoluta confiança em mim, mesmo quando entrei em pânico. Todos nós poderíamos nos beneficiar de alguém assim em nossas vidas, não é? Se temos ou não alguém como ele, podemos encontrar a graça dentro de nós e estar conscientes da forma como podemos ser emissários da graça: sendo humildes, não arrogantes, sem insistir. Cada um de nós tem seus próprios momentos de graça; não é algo espiritual, e não se restringe a momentos de revelação, embora também os inclua. Existem vários momentos na vida em que nos sentimos agraciados, e há oportunidades infinitas de trazer essa graça e oferecê-la para o mundo ao nosso redor. Dessa forma, pouco a pouco, todos nós nos tornamos mais sãos, livres e alegres.

A PERCEPÇÃO FUNDAMENTAL

Tudo, em cada momento, é um produto de todas as outras coisas.

Gostaria de olhar para a noção de graça em relação ao mais importante: a percepção fundamental. Eu a chamo de "fundamental" porque é a percepção daquilo que é, e sempre tem sido. Tome a realidade, por exemplo. Não é algo que se manifesta em certo momento no tempo e então desaparece em outro instante, somente para ressurgir em algum momento posterior. A realidade é *sempre e já* real. Essa é a essência da percepção fundamental. Podemos chamá-la de despertar espiritual, iluminação, ou de vários nomes diferentes, mas ela é vivenciada como um tipo de graça.

Essa percepção fundamental é sempre vivenciada como uma graça porque surge espontaneamente. Lembre-se de que a graça pode ser definida como o mérito não merecido – não podemos fazê-la acontecer. Essa é uma noção ardilosa quando a aplicamos à iluminação. Isso não significa que nossas ações não tenham nenhuma relação com a graça, com os momentos espontâneos de descoberta ou de revelação. Pensar assim é compreender mal a natureza da própria realidade. Uma das coisas que a profunda revelação da realidade nos mostra é que tudo em nossa existência está interconectado. Poderíamos dizer que ela *inter-é*. O que reconhecemos com a graça do despertar é a natureza fundamental dessa realidade, a natureza fundamental desse estado de ser.

Passamos a ver que ela não é outra coisa a não ser nosso próprio ser, nosso *self*. Quando nos deparamos com essa realidade, damos-lhe vários nomes – natureza de Buda, consciência de Cristo, o infinito, espírito. Gosto de "espírito" neste contexto, pois espírito é a natureza de cada e toda experiência que possamos ter. Qualquer momento em que estamos vivenciando algo, incluindo este exato momento, é uma manifestação do espírito, e, sendo uma manifestação do espírito, tudo se encaixa. Concluir que o que fazemos não tem nenhuma relação com essa realidade é falso. É mais exato dizer que o que fazemos não provoca *diretamente* um momento de graça ou despertar. Não há relação causal direta entre nossas buscas espirituais e o surgimento do autorreconhecimento ou do despertar espiritual. Entretanto, tudo que fazemos contribui *indiretamente*, pois tudo está relacionado a tudo – a razão para qualquer momento é tudo que está acontecendo ou já aconteceu em todo o cosmo. É a isso que me refiro quando digo que tudo está inter-relacionado, já que tudo está participando da manifestação de tudo.

Se houvesse uma relação causal direta entre nossas ações, nossa prática espiritual e a aurora da iluminação espiritual, poderíamos transformar esses elementos em uma fórmula que conduzisse à iluminação, como dois mais dois são quatro. Não é assim tão simples. Assim como também não é a outra ideia dualística segundo a qual o que fazemos *não* tem nenhuma relação com o despertar – isso significaria que todas as coisas não estão interconectadas. O que vivenciamos com um despertar profundo é que tudo participa do acontecimento de todas as coisas. É a isso que me refiro quando digo "relação causal não direta". Essa frase é um paradoxo para o intelecto, mas, a partir de uma perspectiva mais profunda – a partir da sabedoria do olho de *prajna*, como se diz em zen –, podemos ver que tudo está associado.

Essa visão da realidade retorna à nossa vida e à graça. Não só à graça do despertar espiritual, mas a qualquer momento de graça. A graça é sempre parte da equação, embora às vezes nós a notemos e às vezes, não. Tudo, em cada momento, é um produto de todas as outras coisas. Isso não torna nenhum momento especial, porque *cada* momento é uma demonstração do espírito. É isso o que o despertar nos mostra.

Quando me defrontei com essa visão, com esse estado de graça pela primeira vez, tinha cerca de 25 anos e buscava a iluminação com grande vigor e intenção. Eu buscava a iluminação como buscava várias coisas que queria – fui atrás dela com determinação e trabalho árduo. Boa parte do trabalho era a meditação, e com a meditação surgiram muitas dúvidas e indagações. Também lia muito, não tanto para coletar informações, mas mais para explorar meu anseio criativo. Não sabia qual seria meu avanço, mas tinha um sentimento intuitivo de que havia um modo diferente de perceber a mim e a vida.

Um dia, quando estava nesse estado de buscar e passar tempo meditando, de repente as portas da percepção se abriram. Uma das minhas maiores surpresas foi a já e sempre natureza da realidade: compreendi que a realidade que eu tinha buscado sempre estivera aqui. E não só ela sempre esteve aqui, como *eu a era*. Não me refiro ao "eu" como um ego ou personalidade, mas ao "eu" como a própria realidade que despertara. Em um sentido, eu despertei de mim mesmo, de como me conhecia. Isto é o surpreendente: aqui estamos sendo nós mesmos e lutando por um avanço espiritual, quando percebemos que quem está tentando ter o avanço não é separado do espírito. Tinha perseguido a realidade ou iluminação, e toda vez eu a era – eu era aquela realidade, era aquela iluminação.

Posso afirmar que o que eu fiz – toda a minha prática meditativa, busca, dúvidas, curiosidade, leitura, escritas e tudo o mais

– foi o que provocou aquele momento de clareza? Posso assumir os créditos por ele ter acontecido? Em certo sentido, não, porque não o provoquei. Não fazemos a realidade acontecer. No entanto, mesmo não a tendo causado diretamente, tudo que fiz foi uma manifestação do despertar e do surgimento da consciência. Chegamos à prática espiritual porque a realidade mais profunda *já* está emergindo, e a primeira maneira de ela emergir em nossa consciência é tanto pela motivação espiritual quanto pelo anseio. O anseio pode não ser a fruição da iluminação, pode não ser o reconhecimento da iluminação, mas é o surgimento dela. Se não estivesse começando a emergir na consciência, não teríamos nenhum anseio e não nos importaríamos com isso.

O que fazemos tem grande impacto. Não é a causa direta, é indireta, mas todo o nosso impulso espiritual é o surgimento da consciência desperta em nossas vidas. Qualquer pessoa que tenha um momento profundo de reconhecimento ou despertar não pode deixar de ver isso. Um dos aspectos mais surpreendentes é que estamos aqui buscando algo que já somos – embora não soubéssemos o que éramos –, por isso procuramos como se fosse algo distinto de nós. No entanto, ao buscar a realidade (ou a natureza de Buda, ou o despertar, ou a iluminação) como se fosse algo que não é o que somos e que não é o que está acontecendo neste momento, inconscientemente nós o evitamos, no sentido de nossa busca nos levar a não perceber aquilo que já e sempre é.

Neste exato momento, a consciência que está lendo essas palavras, a consciência que olha para o externo e que vê, a consciência que está ouvindo os sons ao seu redor – reconhecendo que, antes mesmo de você tentar ser consciente, a consciência é o portal para a realidade fundamental – é a consciência do infinito; é em si o ser infinito consciente.

É legal ter uma prática de percepção consciente em que tentamos estar mais presentes ao que está ocorrendo. Mas, embora isso tenha sua importância, estou falando de algo diferente: não de tentar elevar a qualidade de sua atenção, mas de relaxar na natureza da consciência propriamente. Assim, passamos a ver que todas as coisas estão em um estado constante de mudança e você, seja o que for, está sempre aí, quer algo esteja acontecendo ou não, quer esteja vivenciando algo ou não, quer esteja pensando ou não.

Aquilo que você é está sempre aqui, e a única coisa que está sempre aqui é a percepção consciente ou consciência. Ela está em cada experiência, em cada olhar, som, cheiro, sabor e sensação. Você não precisa tentar se livrar do que vê, cheira, prova, toca ou reconhece. Se estiver tentando se livrar disso, significa que está tentando mudar os objetos que o mantêm preso ao mundo dos objetos. Em nome do autorreconhecimento, devemos abrir mão de ficar presos ao objeto de nossa percepção, de nossa consciência, e permitir que a consciência volte a sentir a si mesma. A consciência, quando volta a sentir a si mesma, é uma qualidade aberta, vasta, vazia e atenta.

Se você sentir a própria consciência a qualquer momento, poderá reconhecer a si mesmo como consciência. É possível que a consciência possa reconhecer que é a base de toda experiência, e que a experiência é uma revelação dessa base essencial do ser. Assim, tudo é revelação do espírito, tudo é a revelação da consciência. Essas são apenas palavras, mas espero que sejam palavras apontadoras, para que você comece a sentir que é impossível relaxar na natureza da consciência propriamente e ainda continuar buscando, porque toda busca é uma busca por algo que ocorre na consciência. Toda busca ocorre no futuro – o anseio por algo que não está presente –, enquanto, com o ensinamento direto, ou com um apontador direto para a natureza da realidade, abrimos mão do futuro. Estamos abandonando a perseguição por algo que pode ocorrer em outro momento, para que possamos mergulhar na natureza *deste* momento. A razão é que a natureza da realidade é constante. Ela está sempre aqui, por isso qualquer estado é *bom*, qualquer experiência é *boa*; não há nada fora do espírito. Não temos que procurar um momento melhor ou um estado melhor. Ao mergulhar no momento presente, você verá que todo o momento está inundado pela luz da percepção consciente – a luz da consciência.

Se continuar mergulhando em ser consciência, você poderá começar a sentir que o que denominamos "o mundo" é uma ideia, e que ela própria é uma expressão da consciência e do espírito. Essas coisas chegam até nós quando relaxamos em nossa percepção consciente presente. É simples assim. Se existir um caminho, este é o caminho. O desejo de mergulhar de volta na natureza do momento presente, na consciência, é uma graça. De onde veio esse desejo? De onde veio essa disposição?

A graça maior é ver que cada momento é graça; é seu próprio milagre. Quando vivenciamos o momento assim, estamos recebendo uma dádiva. Tudo o que sempre precisamos fazer foi permanecer e reconhecer a natureza de nosso ser.

Desafiados pela grande aflição do mundo

É preciso muita fé para sentarmo-nos bem em meio à nossa existência.

A dificuldade abre-nos para momentos de graça ao nos fazer recordar da grande vitalidade sob a superfície das coisas – sob a aparência das coisas. Quando falamos sobre graça ou sobre qualquer momento de avanço para um sentido maior da realidade que somos e da qual somos parte, pensamos nela como algo extraordinariamente prazeroso ou, pelo menos, mais prazeroso do que o ambiente em que estamos. Acreditamos que se pudéssemos apenas nos separar de nossas dificuldades, se pudéssemos não ser tão desafiados pelo que ocorre diariamente, teríamos uma oportunidade melhor para que os momentos de graça ocorressem; seríamos mais capazes de nos abrir para um sentido maior da realidade e de quem somos. É interessante que sustentamos essas ideias do que é propício à graça, ao avanço espiritual, porque na verdade elas contradizem os momentos em que a graça emerge.

Às vezes, temos momentos de graça e um entendimento mais profundo quando estamos em um ambiente sereno, confortável e seguro. A graça pode emergir quando estamos caminhando na natureza em um dia tranquilo, quando nada está nos perturbando, e somos tomados por um grande silêncio e sustentados por aquela sensação de natureza que nos permite relaxar em uma realidade maior do que o que somos. No entanto, depois de mais de duas décadas ensinando, descobri que a graça chega mais frequentemente por meio dos grandes desafios: quando nos deparamos com alguma situação-limite em nossas vidas, quando não sabemos lidar com uma situação ou quando nossas formas de navegar não são úteis e nos encontramos em solo pouco familiar. O desafio poderia ser a perda de um ente querido ou de um trabalho; poderia ser uma doença séria ou qualquer coisa que não nos deixe escolha a não ser recorrer a uma capacidade dentro de nós que, de outro modo, não saberíamos como acessar.

Vemos isso na história de todas as grandes tradições religiosas. Buda é um bom exemplo. Ele queria descobrir se havia uma resposta para o dilema humano existencial dos inevitáveis fatos do nascimento, vida, morte e sofrimento. Ele foi motivado ao ver algo que todos nós reconhecemos em algum ponto: a vida é repleta de muito sofrimento. Em seu tempo, se alguém fosse embarcar numa busca espiritual séria, era comum tornar-se um renunciante. Assim, ele deixou seu lar, sua esposa e filhos, as facilidades e riquezas de um príncipe para buscar respostas. Depois de seis anos de práticas e disciplinas espirituais árduas, como o jejum e a automortificação, de dominar ensinamentos religiosos e vários estilos de meditação, compreendeu que tinha de encarar a verdade de não ter encontrado a resposta que estivera buscando.

Esse foi o ponto da virada para Buda – um período de grande desespero para ele. Imagine que você tenha renunciado a tudo em sua vida para iniciar uma busca, trabalhado arduamente, praticado e estudado com os melhores professores da época e, ainda assim, depois de anos de busca, não encontrou o que procurava. Que decepção! Além do mais, Buda estava faminto, pois suas práticas ascéticas consumiram seu corpo – ele parecia um esqueleto. Conhecemos a imagem de Buda sentado sob a figueira, mas frequentemente esquecemos que o que o levou a se sentar sob a figueira foi a dor de encarar o próprio abismo, de ser levado a um lugar dentro de si do qual ele não sabia como sair. Naquele difícil momento, ele não sabia que estava se aproximando daquela misteriosa e poderosa aurora da graça que abriria um novo panorama de compreensão das coisas – de conexão com a vida.

A figueira é um motivo mítico. A árvore representa a árvore da vida, assim como a árvore da imortalidade no Corão ou a árvore do conhecimento no livro do Gênesis na Bíblia. Adão e Eva colheram o fruto da árvore. Buda não retirou nada da figueira, mas sentou-se sob ela. Sentou-se *com* a dura realidade da vida. Ele se comprometera com a vida, mas não da forma como nós normalmente pensaríamos em nos comprometer – espremendo-a para obter dela toda a vitalidade possível. Sentou-se na raiz da existência e tentou buscar uma solução para o fato inevitável da existência humana, então despertou. É por isso que a imagem de Buda sob a figueira é um ensinamento por si só. Quando nos deparamos com uma imensa barreira, quando encontramos um lugar dentro de nós e não sabemos como navegá-lo, quando estamos numa experiência dolorosa que não podemos evitar, precisamos *nos sentar exatamente aí* – na raiz da experiência, na raiz da árvore da vida – e *nos aquietar*. Não é um ensinamento fácil, mas é um grande ensinamento: aquiete-se em meio à dificuldade, esteja disponível para o que estiver ocorrendo no momento.

Aquietar-se não é um ato de imobilidade física ou de silenciar a mente, mas estar disponível para o que estiver acontecendo a cada momento. Quando estamos completamente abertos – mesmo sendo difícil – paramos de lutar contra a vida, paramos de nos debater contra a situação em que estamos, e existe uma possibilidade para a descoberta. É quando um grande movimento de graça pode ocorrer. Paramos de tentar fugir do que é e nos sentamos em meio ao que é – mesmo sendo desconhecido – e alcançamos um lugar de um entendimento mais profundo.

É preciso muita fé para sentarmo-nos bem em meio à nossa existência – e não estamos falando da mesma "fé" que uma doutrina, ensinamento ou professor dizem ser a verdade. Essa é, de fato, uma crença, que nos diz como interpretar a vida e encontrar conforto e segurança nela; a crença oferece uma forma de nos isolarmos da fé real – da confiança real. A fé, em seu mais verdadeiro sentido, é algo diferente. A fé permite-nos abandonar a crença, que consiste na maneira como habitualmente transferimos cada momento de nossa experiência para um modelo conceitual que parece facilitar o entendimento, nos dar algum controle e minimizar o sentimento de insegurança que surge sempre que nos encontramos à beira do abismo. O abismo pode ser representado por desafios no seu trabalho ou relacionamentos; uma doença ou a morte de um ente querido, ou mesmo sua própria morte iminente; o sentimento de se confrontar com a grande aflição do mundo. Várias coisas podem fazê-lo sentir como se estivesse à beira do abismo, e você não sabe o que fazer.

Foi o que aconteceu com Jesus nos testamentos. Ele viveu uma vida engajada e dinâmica. Não era um renunciante, não era um Buda, não buscou uma ordem monástica – era um homem do mundo –, mas às vezes até mesmo ele precisava ficar só. No início da história, quando esteve no Rio Jordão e foi batizado por João Batista, o texto diz que os céus se abriram e que o espírito de Deus desceu sobre ele como uma pomba. Aquele foi o momento de uma grande infusão espiritual – um despertar. A primeira coisa que ele fez depois disso foi caminhar para o deserto, pois se sentiu compelido a estar com sua solidão. Talvez tenha tido a ideia de ir para o deserto para banhar-se na glória do espírito que se derramara sobre ele e nela se regozijar, mas algo diferente aconteceu. Jesus viu-se à beira de um abismo; ele foi desafiado. Na história de sua vida, isso é representado pelo demônio.

Buda e Jesus foram desafiados e tiveram de se erguer para encarar esses desafios. Em outras palavras, encontraram a graça em meio a um grande tumulto. Jesus revisitou esse desafio e agitação repetidas vezes até o fim de sua vida. Mesmo quando estava no Jardim de Getsêmani, poucos dias antes de ser crucificado, ele sabia o que iria acontecer, e caiu chorando e implorando a Deus: "Afasta de mim esse cálice". Foi uma forma poética de dizer: "Como eu saio dessa?". Quando somos desafiados ou sobrepujados, pedir ou esperar que o obstáculo seja removido é uma resposta humana. Porém, os ensinamentos espirituais nos mostram como encarar esses momentos e o que extrair deles. Um dos temas comuns é estar disposto a não fugir ou tentar escapar. Embora tenha perguntado a Deus se de algum modo poderia sair daquela situação, imediatamente após ter pronunciado essas palavras ele restabeleceu seu equilíbrio interno e disse: "Seja feita a vossa vontade". Foi como se recorresse a seu senso de ser mais profundo e aceitasse seu destino – seu abismo –, embora fosse aterrador. Pense nisto: a crucificação é uma das formas mais horrendas de morte, e ele sabia que assim seria.

Nas histórias de Jesus e de Buda, muitas das imagens são dramatizadas e exageradas, e assim é para que não percamos o ponto. Esses ensinamentos transmitem algo importante sobre encontrar a graça em nossos desafios. Os momentos mais difíceis da vida nos oferecem um ponto de acesso, de possibilidade de nos abrir à graça que está além de nossa habilidade de criar ou produzir. Em outras palavras, podemos encontrar o momento com um "sim", podemos dizer "não", hesitar, reclamar ou ter medo, porque não conseguimos superar nossa insegurança. Se pudermos dizer "sim" a essas experiências, se não tentarmos evitá-las ou as explicar, algo mais profundo emergirá no espaço onde nos abrimos às nossas limitações. Isso é graça.

Vivenciei essa graça em meu pai. Em seus últimos cinco anos de vida, ele teve um ataque cardíaco, um derrame e um câncer avançado que o levou poucos meses depois do diagnóstico. Quando estava se recuperando do derrame, meu pai me contou que tivera uma experiência de quase morte que o fez perder o medo da morte. Portanto, nesse sentido, foi uma grande graça. O derrame foi desafiador, pois ele perdeu algumas funções por um período. Boa parte delas retornou com o tempo, mas não todas; ele jamais recobrou o uso de um dos braços e de uma mão. Ainda assim, ele dizia: "O derrame salvou minha vida". Essa foi uma forma maravilhosa de comunicar o que ele tinha vivenciado. Por meio do desafio do derrame, ele reviveu de uma maneira nova. Encontrou algo que sempre tinha procurado, que era uma experiência real de amor – não de um amor externo, mas algo interno, profundo. Em seus últimos anos de vida, era impossível encontrá-lo sem que ele dissesse quanto o amava. E dizia isso a todos. Tinha seus momentos desafiadores, quando ficava deprimido por sua situação, lidando com um corpo que não funcionava como costumava funcionar e uma mente que não era mais tão afiada quanto costumava ser. No entanto, sempre exibia um aspecto de bem-estar em meio a tudo aquilo e um apreço pelas pessoas, que não demorou a conceder àqueles que estavam à sua volta.

Um derrame é uma experiência que a maioria das pessoas espera que jamais lhes aconteça, e, no entanto, apesar dos grandes desafios, foi uma graça que realmente salvou sua vida. Deu-lhe uma apreciação muito mais profunda por tudo e todos. Durante seus últimos meses, quando estava com câncer e morrendo, estava pronto e disposto a partir, e sua partida, quando finalmente aconteceu, foi algo de extraordinária beleza.

Um infarto, um derrame e então um tumor massivo – sua experiência com tudo isso foi uma grande graça.

Se pudermos descobrir uma fé radical (e algumas vezes a fé mais profunda vem do desânimo ou desconfiança mais profundos), se pudermos encarar os desafios de cabeça erguida – sem tentar escapar, sem nos fazer de vítimas, sem tentar dar satisfações com teologias ou psicologias complicadas, mas nos abrir a essa parte da vida que é inevitável –, estaremos abertos à graça. Se tem algo que a vida nos ensina é que não estamos no controle. A iluminação nos permite abrir mão de tentar controlar a vida e de maximizar nossa vantagem. Então podemos estar disponíveis à graça e a uma nova perspectiva em que encontramos uma capacidade de abraçar a vida de tal forma que, um dia, vamos olhar retrospectivamente para nossas experiências mais desafiadoras e ver que foram nossas maiores dádivas. Aquilo que estamos tentando evitar é o que conduz ao despertar e a novas e mais amplas formas de ver e vivenciar a vida – de experienciar a nós mesmos.

Que sua vida continue a abri-lo para os momentos de revelação.

Momentos vitais

Confiar em não saber.

Existem momentos em que muito depende das decisões que tomamos e em que direção seguimos. Eu os chamo de "momentos de vitalidade". Às vezes, quando estamos bem no meio deles, entendemos que nossas escolhas são vitais; às vezes, é difícil perceber esses momentos. Às vezes notamos os momentos importantes, vitais, somente quando olhamos para trás, como olhamos pelo retrovisor.

Podemos explorar momentos de vitalidade dentro do contexto de nossa busca espiritual. Se considerarmos alguns dos mitos dos grandes seres espirituais, há sempre um momento vital na história. O primeiro que me vem à mente é Buda, que deixou para trás a vida que conhecia e sua família e tornou-se um renunciante para buscar as respostas a suas perguntas sobre a natureza da existência humana. Quando entrou em uma relação visceral, sem filtros, com o sofrimento, a doença, a velhice e a morte, viu que é como tudo termina. A sua foi uma reação universal: à medida que crescemos, em certa idade confrontamos nossa mortalidade e aceitamos que uma das poucas garantias que a vida oferece é a morte. Foi aí que Buda teve seu momento de vitalidade, ou ponto de virada, quando reconheceu alguns aspectos fundamentais da experiência humana: que tudo muda e que nada dura para sempre. De certo modo, momentos de vitalidade são uma parte óbvia do viver, mas poucas pessoas os vivenciam de forma profunda e aprofundada. É como se nós os notássemos o bastante para tentar mudar nosso foco, desviar o olhar ou pensar em outra coisa. Não foi o que Buda fez; ele mergulhou no grande mistério do inevitável aspecto da vida, que é o sofrimento. Toda a vida de Buda girou em torno de como ele respondeu a essa observação.

A guiança divina sempre surge como um sussurro. Ela não grita, não insiste. É algo sereno. Não podemos ouvir os sussurros da guiança divina até que tenhamos abraçado o lugar onde estamos. Permita-se saber disso e descanse nisso; perceba que, às vezes, saber o que não está funcionando é extremamente importante, e não é preciso ignorar aquilo que você sabe que não sabe. Você pode se permitir parar bem em meio à insegurança.

Na história de Buda, ao atingir esse ponto, a primeira coisa que fez foi afastar-se do caminho do renunciante. Ele estava à margem de um rio, meio macilento e morto de fome. Uma mulher ofereceu-lhe um pouco de leite e mais tarde comida, que ele aceitou – um sacrilégio para um homem santo naquela época. Ao receber a compaixão daquela mulher na forma de alimento, ele teve de abandonar toda a sua visão de mundo sobre o que um buscador espiritual deveria e não deveria fazer. Teve de se permitir sair do paradigma, mesmo sem ter um plano. Ele sabia que não tinha encontrado o que estava buscando. Quebrar algumas regras da vida de renunciante mudou a trajetória – quer ele soubesse ou não – de toda a sua procura espiritual. Esse foi um momento vital!

Foi um momento vital não só para que soubesse que não estava funcionando, mas também para aceitar ajuda da mulher. Foi um momento vital porque era algo que Buda não teria feito anteriormente. Essa decisão alterou sua vida espiritual. Imagino que ele não tenha se dado conta disso ou compreendido isso na época; ao contrário, ele estava seguindo uma voz de autenticidade dentro de si de uma maneira profunda. Isso o levou a sentar-se sob a figueira e declarar que não iria se mover até que alcançasse a iluminação, e a história continua daí.

A transformação tende a acontecer quando paramos, ou algo nos para – uma tragédia, uma dificuldade –, e reavaliamos e percebemos que a forma como estamos vivendo deve ser redefinida. Às vezes, precisamos redefinir toda a nossa identidade. Isso não acontece somente com os seres avançados espiritualmente – é material humano. Esses momentos ocorrem com certa regularidade e, se reconhecemos quão importantes são quando se apresentam, podemos vê-los como grandes desafios e oportunidades. Como respondemos é importante. Buscamos uma solução rápida, uma resposta imediata ou alguém que nos salve de nossa insegurança? Ou encontramos os recursos para ficar nesses momentos e nos encontrar, assim como fez Buda? Podemos nos debruçar no que está ocorrendo, na experiência humana ou na qualidade não resolvida – seja uma dúvida, ou hesitação, indecisão, ou seja qual for o padrão que faz com que não nos lancemos inteiramente no momento.

Nunca sabemos quando tais momentos se apresentam. Alguns são grandes; outros, bem menores. Não devemos assumir que os pequenos momentos não sejam tão importantes quanto os grandes, os óbvios, pois encarar os pequenos é uma forma de desenvolver a capacidade de encarar os grandes momentos de crise. É por isso que a maioria das tradições espirituais tem várias formas de nos fazer prestar atenção à nossa vida, mesmo quando nada significativo parece estar acontecendo. Isso vem de um reconhecimento, uma percepção de que momentos vitais são correntes em nossa vida, e existem decisões sendo tomadas

– consciente e inconscientemente – sobre como vamos nos relacionar com eles.

Você se relaciona com a vida como um mistério em desenvolvimento e uma aventura de descobertas? Um encontro com sua imensa capacidade de conhecer, amar e vivenciar a vida com intimidade e vitalidade? Temos habilidades extraordinárias como seres humanos quando começamos a reconhecer a vitalidade de certos momentos e levamos consciência a eles. Esses momentos de vitalidade acontecem em nossa vida com grande regularidade e são oportunidades para o despertar e a transformação. Devemos repetidamente abraçar a insegurança desses momentos e, ao fazê-lo, passamos a confiar neles e, consequentemente, em nós. Nesses momentos, tudo de que precisamos é saber qual o próximo passo e a disposição para dá-lo. Paradoxalmente, só sabemos qual é o próximo passo quando temos a capacidade de confiar em *não saber* qual é o próximo passo, e reconhecer isso é uma parte íntima do processo de transformação.

SABEDORIA PROFUNDA NA INCERTEZA

Mover ou cair.

Momentos de vitalidade algumas vezes surgem da experiência do medo. Como todos nós sabemos, existem inúmeras variações de medo, mas alguns aspectos da experiência de sentir medo, ou insegurança, podem ser reveladores.

Eu costumava escalar frequentemente. Uma vez, meu parceiro de escalada e eu estávamos a cerca de 230 metros de altura nas Montanhas Sierra Nevada, na Califórnia, escalando uma face da rocha chamada Lover's Leap. Eu estava liderando, o que é mais perigoso do que seguir. O líder fica preso à corda e os escaladores fixam ganchos de proteção nas fendas e prendem a corda nesses dispositivos. Se o líder cair, espera-se que os ganchos fixados na fenda segurem a corda, ao mesmo tempo que o parceiro aciona o freio mecânico em seu cinto para parar a queda. É perigoso porque os dispositivos que foram afixados podem se soltar se não estiverem bem firmes ou se tiverem sido colocados no lugar errado. Se isso acontecer, a pessoa continua a cair até que encontre um gancho que esteja firme. A questão é: vamos dizer que você subiu cerca de três metros acima do último gancho de proteção. Se cair, cairá os três metros, presos à sua corda frouxa, e mais três metros, que é onde sua corda tensiona e o segura – sendo uma queda de seis metros; isso se o gancho de proteção não se soltar. Quando praticamos algumas atividades de alto risco, colocamo-nos em posições em que as escolhas não são mais teóricas; podemos nos machucar seriamente ou até morrer. O mesmo acontece com a vida – podemos estar em situações nas quais jamais imaginávamos estar.

Ao liderar a escalada da Lover's Leap, me vi em uma posição difícil. Estava no que é chamado de uma fenda *off-width*. É uma fenda que é larga demais para comprimir as mãos a fim de erguer o corpo, mas não larga o suficiente para encaixar as pernas ou a parte superior do corpo e então escalar. Não conseguia decidir como prosseguir. Fiquei parado naquela face de rocha vertical com meu pulso espremido naquela fenda para não cair, tentando decidir o que fazer. À medida que os minutos passavam, meus braços e dedos foram ficando cansados e comecei a tentar ir além daquele lugar desesperadamente. Meu ponto de proteção estava a cerca de seis metros abaixo e, portanto, estava considerando, na melhor hipótese, uma queda de doze metros. É uma distância aterradora, e você pode se machucar se balançar e bater na face da rocha.

Já estava lá fazia uns bons quinze minutos tentando sair daquela fenda *off-width*. Em algum ponto, percebi que seria melhor tentar conseguir um ponto de proteção diretamente na fenda, o que eu deveria ter feito no início. Fixei um dispositivo *friend* na fenda e tentei puxar a corda para prendê-la naquele dispositivo de proteção. Estava tão fraco que não conseguia arrastar a corda até minhas pernas; as cordas podem ser pesadas, e passam por vários dispositivos de proteção, que oferecem resistência.

Quando percebi que não poderia puxar a corda para cima e prendê-la, soube que tinha um problema real. Minhas pernas tremeram, minha respiração ficou ofegante e reconheci que poderia ter outros quinze segundos antes de despencar por pura fadiga. Pensei: *Tenho que me mover, e tenho que me mover já. Vou cair de qualquer forma, se me mover ou não. Por isso, preciso tentar.*

Fiz o movimento e foi incrível! Em segundos, tinha saído da posição de dificuldade. Alcancei uma pequena saliência segura, onde me sentei e me amarrei para me recuperar. Fiquei deitado de costas por cerca de cinco minutos, e, enquanto a adrenalina era liberada do meu corpo e as batidas do meu coração retornavam ao normal, pensei: *Meu Deus, jamais farei isso novamente.* Então trouxe meu parceiro em segurança, e a segunda metade da nossa escalada foi deliciosa. Acabamos tendo um belo dia.

Algumas coisas me fascinaram nessa experiência. A primeira foi que esse havia sido um exemplo extremo de como nos colocamos em situações difíceis nas quais não sabemos para onde ir. Todos nos encontramos em situações em que dizemos: "Parece que não consigo avançar. Não sei que movimento fazer". Então vem o medo, e é fácil ficar paralisado. Todos concordam que o medo, especialmente se não for controlado, é esmagador e parece nos deixar cegos para nossas escolhas.

Quando estava na face daquela rocha, fui forçado a uma situação perigosa em que eu tinha duas opções: me mover ou cair. Dadas essas opções, algo se moveu em mim. Não foi minha mente que mudou; não me sentei e refleti sobre a forma mais eficiente de sair daquela fenda *off-width*. Minhas pernas estavam tremendo, e eu estava perdendo forças. Não tinha mais tempo. Acessei algo mais profundo dentro de mim, mas somente quando *fui forçado* a acessá-lo, porque não tinha escolha. As únicas opções eram me entregar ou me mover. Assim que soltei o controle, não houve mais espaço para a hesitação.

Às vezes encontramo-nos em situações que exigem ação. Ao longo dos anos conversei com inúmeras pessoas que me falaram de estar em uma emergência real em que as consequências eram graves, mas sem tempo para refletir – a vida de alguém estava em jogo, havia alguém ferido, ou algo aconteceu que as forçaram a agir decisiva e imediatamente. Elas relataram que a ação parecia acontecer *através* delas quando transcendiam o efeito debilitante do medo. A maioria de nós passou por tais momentos, e, quando olhamos para trás, percebemos as tremendas consequências que estavam em jogo. Surpreendemo-nos com o fato de que há algo dentro de nós, seres humanos, que pode agir e responder de forma tão surpreendente quando nos libertamos do medo. Nesses momentos em que *devemos* agir, transcendemos o eu.

Buda chamava esse salto do medo para a fé, ou qualquer escolha melhor para uma situação, de "ação certa". É uma ação espontânea e não premeditada. Ela vem não do ego, mas de um lugar diferente – daquela dimensão de ação, sabedoria, amor e de compaixão que é integral para nosso ser. Podemos ou não ter contato consciente com ela, mas ela está aí de qualquer forma. Aquele momento na face da rocha me ensinou que algo pode acontecer além da habilidade de nossa mente de entender ou predizer. Existe uma fonte aí, e, se pudermos confiar o suficiente, ela se torna acessível. Na Lover's Leap, eu a acessei pelo medo real por minha vida em uma situação extrema. O que isso me mostrou foi que, quando o tempo se esgotou e precisei agir, algo quase agiu *por* mim – algo tomou conta da situação e atuou por mim.

No zen-budismo, existe uma tradição de estudos dos koans, a das perguntas paradoxais – como quebra-cabeças –, que os professores dão aos alunos. O desafio é encontrar uma resposta que seja sua.

Os koans são exercícios para colocá-lo em um estado psicológico como o que me encontrei no alto da face daquela rocha. Eles não existem para necessariamente aterrorizá-lo, mas para colocá-lo em uma situação em que nenhuma de suas respostas condicionadas funciona. Você pode analisá-la indefinidamente, pode ser um Einstein, pode ser a pessoa mais inteligente do mundo, mas não consegue encontrar por si mesmo uma solução. A única maneira de solucionar um koan é dando um salto além da conceituação, do estado mental condicionado para algo além.

Quando eu estava na Lover's Leap, o koan que me foi apresentado chamava-se "Salve sua vida". Todas as ações potenciais tinham se esgotado, mas eu precisava fazer algo naquele instante. Aquela experiência foi o início de aprender uma confiança que é essencial na vida. Não importa como chegar a ela, podemos confiar em algo que está além de nossa experiência presente, além de nosso conhecimento atual e além da mente. Esse recurso de grande sabedoria e amor, essa fé, está enraizada em nosso ser. Parece ser uma graça – nós a sentimos como algo extraordinário. Não é algo que nos foi ensinado; portanto, quando alguém fala sobre isso conosco, parece abstrato. "Entendo o que você está dizendo, mas não sei bem como fazê-lo. Você pode me dizer como lidar com isso?". Se eu fosse criar um plano de três pontos sobre como ir além dos momentos confusos, seria mais ou menos assim:

1. *Pare* e sinta onde você está. Pare de lutar para sair daí, pare de buscar segurança, e pare de buscar ansiosamente uma resposta ou solução.

2. *Sinta* a presença do momento e permita-se habitar a parte mais serena de seu ser estando disposto a não saber e a ficar numa atmosfera interna insegura, não concluída.

3. *Abra-se* para uma nova visão, para algo que não seja uma repetição do velho modo de fazer as coisas, que nunca funcionou. É preciso estar aberto e ouvir. Se fôssemos falar sobre isso na velha linguagem, diríamos: "Ouça o sussurro de Deus".

Nós nos afastamos tanto desse processo, estamos tão desconectados e enclausurados nesse domínio abstrato da mente, que perdemos contato com nossas incríveis capacidades como seres humanos de perceber e sentir. Como paramos de perceber e sentir algo? Aquela primeira inspiração que enche nossos pulmões em uma manhã fria e nos leva a um estado mais profundo de vivacidade – a primeira refeição que comemos, o café que bebemos, a percepção da estrada sob os pneus do carro quando estamos dirigindo para o trabalho. Como você presta atenção a algo além da narrativa que está martelando em sua mente?

Se esperarmos até que estejamos em uma crise para começar a ouvir, vai ser difícil. Estar desperto e ouvir internamente o que não conhecemos, sustentando a presença da quietude, da insegurança e do estado de inconclusão, ajuda-nos a estar em situações em que as conclusões não são facilmente compreendidas. É um tipo de prática. Quanto mais praticamos, mais sensíveis ficamos. O corpo, a mente e os sentidos vão se refinando quanto mais nos apoiamos neles, quanto mais tempo e atenção prestamos a eles e quanto mais nós os envolvemos. Comece com as pequenas coisas. Comece a sentir a partir de coisas simples, e pratique nos momentos que não parecem ser tão importantes. Sinta como seria sustentar uma sensação de insegurança, não saltar para a resposta imediata do condicionamento, mas ouvir uma voz mais serena e um sussurro interno. Nossa profundidade, sabedoria e amor estão nas regiões silenciosas. Você vai se surpreender com o que pode acessar: o estado de consciência mais sutil e mais refinado que possuímos, que é a própria consciência.

A VIDA É UMA SÉRIE DE MOMENTOS DESCONHECIDOS

Medo nem sempre significa perigo.

O medo é uma parte universal da experiência humana. Não creio que alguém passe pela vida sem momentos de medo. Uma das coisas que mais impressionaram ao longo dos anos é como nos relacionamos com o medo. Existem vários tipos de medo gerados por perigo físico, defesas biológicas, por nosso passado e traumas, mas aqui estou interessado em explorar o medo do desconhecido, porque é um medo que fica à espreita, especialmente para os buscadores espirituais.

Todos nós vivenciamos o medo do desconhecido quando convidamos alguém para um primeiro encontro, nos candidatamos a um emprego ou nos aventuramos em uma situação nova. Os buscadores espirituais passam muito tempo no desconhecido: quando nos sentamos para meditar e nos silenciar, quando oramos e nossas preces são silenciosas, ou quando chegamos a um lugar de mistério. Esses são momentos em que não sabemos o que vai emergir – estamos em um território psicológico desconhecido. O medo normalmente surge quando as pessoas alcançam esse território, e é por isso que, como um professor espiritual, frequentemente sou questionado: "Como me livro do medo? Como lido com ele? O que faço com ele?". Sob essas perguntas há uma orientação fundamental – uma crença de que quando sentimos medo, precisamos nos livrar dele o mais rapidamente possível.

No entanto, a maioria de nossos medos não tem a ver com sobrevivência, assim como a maior parte de nossa vida não está em perigo. Quando estamos prestes a vivenciar algo novo, intuímos um estado diferente de consciência e um estado diferente de ser – e não importa quanto ansiemos por isso, simultaneamente sentimos medo, porque *não o conhecemos*. A mente pode ter uma filosofia ou teologia ou crença sobre o que é o despertar espiritual, ou o que ele pode revelar; mas até que tenhamos esse despertar, até que tenhamos essa revelação, até que passemos por isso, não sabemos o que ele é nem o que nos aguarda. A associação entre medo e desconhecido é ao mesmo tempo comum e profunda.

É curioso, pois quando estamos alegres não pensamos: *Como me livro desta alegria o mais rapidamente possível?*, nem questionamos, quando estamos em paz: *Como me livro desta paz o mais rapidamente possível?* No entanto, quando sentimos medo, indagamos: *Como me livro deste medo o mais rapidamente possível?* ou *Como posso evitá-lo?* Essas são formas condicionadas de reagir. Gosto de dizer às pessoas: "Se forem dedicar-se a uma forma profunda de espiritualidade, a uma prática profunda, devem estar prontas para visitar vários terrenos psicológicos e espirituais desconhecidos, porque é isso o que a maioria das disciplinas espirituais vai lhe apresentar".

Pouco antes de passarem por mudanças espirituais significativas, o mais comum é que as pessoas vivenciem algum tipo de medo. É como se houvesse um guardião no portal sem portões (como dizemos em zen) para o Nirvana, a iluminação e o despertar. Mesmo não havendo barreiras – não há nada que nos detenha, nada que nos ameace –, sentimos medo, porque toda a paisagem do despertar é uma forma tão diferente de ver e vivenciar a vida que a intuir é concomitantemente emocionante e aterrador. A mente pergunta: *Bem, o que vai acontecer?* Refletimos e percebemos que não temos a menor ideia. É aí que as coisas ficam assustadoras.

Parte de se engajar na vida espiritual é tornar-se profundamente consciente, e quando isso acontece começamos a reconhecer de que forma esmagadora o desconhecido está presente em nossa vida. Precisamos aprender que o medo nem sempre significa um perigo real. Como seres humanos, estamos condicionados a pensar que o que conhecemos vai nos manter seguros e o que desconhecemos é uma ameaça potencial que, portanto, nos amedronta. É saudável reexaminar essa crença e olhar para nossa relação com o medo, porque o que imaginamos saber é mais digno de medo do que aquilo que não sabemos. Tome a morte, por exemplo: quando as pessoas pensam na morte, ficam com medo, mas o ponto é que não se pode temer a morte – você só pode ter medo daquilo que *imagina* ser a morte. Pode imaginar que a morte é o aniquilamento ou qualquer outra coisa, pois existem várias histórias sobre o que vai acontecer quando morrermos. A morte é o desconhecido absoluto. Portanto, mais uma vez, são as paisagens psicológicas, onde não sabemos o que será ou o que vai acontecer, que nos amedrontam.

Causamos muito mais mal a nós mesmos e aos outros com as coisas que *pensamos* saber – com nossa certeza – do que com nossa incerteza ou com o desconhecido. Muita destruição acontece quando fingimos saber de coisas que não conhecemos. É uma recusa a abraçar os aspectos desconhecidos da vida, que consiste simplesmente em um desconhecido após o outro. Não sabemos o que vai acontecer daqui a um segundo. Desde o momento em que nascemos, nunca sabemos o que vai acontecer no próximo instante. Podemos ter medo disso, como se fosse algo problemático. O que fazemos que causa o maior perigo?

Não são as coisas que desconhecemos que criam o perigo; é o que imaginamos saber. A maioria das guerras é o resultado daquilo que um grupo de pessoas imagina ser verdadeiro. Mesmo que você discuta com um amigo ou companheiro, a discussão normalmente está baseada em duas pessoas que *acreditam* saber o que é certo ou errado. Muito do estrago que causamos a nós e aos outros acontece quando estamos presos a uma ideia, a uma crença ou a uma opinião, que definitivamente não é o conhecimento verdadeiro.

De alguma forma, temos toda a equação de trás para a frente e de cabeça para baixo. Começar a abraçar o desconhecido não é perigoso, mas estar sempre fugindo dele é uma maneira de ficar constantemente com medo. Portanto, a melhor maneira de lidar com o medo é encará-lo. Não há nada de novo nessa ideia – se estiver fugindo do medo, vai ficar com mais medo do que quer que esteja fugindo, porque isso ganhará mais importância quanto mais você fugir. Se puder parar em meio ao medo do terreno desconhecido que encontrar em sua vida ou em si mesmo, então o medo não terá mais nada que o sustente. Para continuar a construir-se e a existir como uma emoção ou sentimento, o medo precisa de sua resistência, de sua fuga e de suas tentativas constantes de negociar com ele. Se encarar o medo – se *experienciá-lo* –, ele não encontrará mais nada para movê-lo.

Se parar para estar com seus medos e senti-los, você vai aprender que nem todos eles são iguais. Verá que o medo do desconhecido só pode existir se estiver fugindo dele. Por exemplo, afirmações como "você não sabe o que vai acontecer daqui a um segundo" ou "desde que nasceu você não sabe como sua vida vai se desdobrar" deixam as pessoas amedrontadas. Por quê? Não há nada de assustador em tais afirmações. Elas são factuais. Por que então lutar contra elas? Principalmente porque não paramos, não encaramos a situação como ela é; ao contrário, entramos na imaginação. É na imaginação que o medo prospera; você imagina o que poderia acontecer, o que pode acontecer, ou o que vai encontrar ao virar a esquina. Isso não só gera como também perpetua a resposta do medo.

O que estou descrevendo é a versão adulta dos monstros aterrorizantes da infância. Se uma criança assiste a um filme de terror, ela pode imaginar que existem monstros em seu quarto. O melhor a fazer é reconfortá-la, tomá-la pela mão e olhar, juntos, debaixo da cama. Sem monstros. Às vezes a criança diz: "Bem, talvez esteja no armário". Então, de mãos dadas, vocês olham dentro do armário e veem que não há nenhum monstro. O que estamos fazendo – sem dizer isso à criança – é mostrar-lhe que o monstro existe só na mente dela. A forma de lidar com os monstros de nossa mente é encarando-os, o que significa que devemos nos permitir encarar o momento do encontro.

A chave é não pensar em todos os possíveis cenários; a chave é encarar o medo propriamente. À medida que vamos ganhando experiência de encarar o medo, ele deixa de parecer tão intimidador, e gradualmente nossa mente e corpo percebem que o medo não é perigoso. Não é assustador não saber o que vai acontecer amanhã, ou não saber como algo vai se desenrolar, porque a vida é assim. Isso não é assustador até que imaginemos o que *poderia* acontecer. A projeção é o monstro.

Temos uma projeção similar sobre a morte, que só se torna um problema quando imaginamos o que *poderá* acontecer quando morrermos. Dessa forma, até o medo da morte acaba sendo um medo imaginado, pois exige que nossa mente projete no futuro. No entanto, se você aceitar o fato de que não sabe o que vai acontecer quando morrer e experienciar esse não saber, vivenciará também um enorme alívio, pois não estará contando a si mesmo uma mentira. Você não vai mais projetar na morte um cenário que o amedronte; ao contrário, abraçará o desconhecido.

Como professor, é o que tento fazer quando as pessoas me fazem perguntas sobre o medo. Primeiramente, reconheço quanto elas estão se apavorando com o que projetam no desconhecido. Então mostro-lhes que para limpar esse medo elas precisam parar de entrar nos cenários imaginários que podem ou não acontecer. Ao contrário, elas deveriam encarar o medo sem projeções, sem histórias e sem respostas do tipo "Isso é o que vai acontecer".

Retornando à prática espiritual, pense que de fato *você*, sua verdadeira natureza, é o desconhecido. Quando compreendemos isso, o desconhecido torna-se menos assustador. O medo habita a separação, quando vemos a nós mesmos como diferentes, como fundamentalmente distintos da própria vida e do desconhecido. Uma das grandes bênçãos de encarar nossos medos é compreender que ao fugir deles estamos fugindo de nossa verdadeira natureza, do que somos no sentido mais profundo.

Quando permanecemos firmes diante dos aspectos desconhecidos da vida e encaramos o medo firmemente, compreendemos que o medo não faz nada para se opor a nós e que não é uma ameaça. Ele prenuncia o novo – algo desconhecido que está prestes a ser percebido ou prestes a acontecer. Não há nada de incomum nisso, pois o desconhecido é uma constante. É uma parte integral da vida e da existência e, portanto, parte integral de *nós* e daquilo que somos. Até que possamos parar e ver o medo por aquilo que ele é, vamos continuar a ser movidos por ele. Quando paramos e o encaramos, quando estamos totalmente silenciosos e serenos com a experiência crua do medo, veremos que ele não pode nos machucar. Quando podemos abraçá-lo, a vida e nossa paisagem interna deixam de ser intimidadoras, porque não estamos mais nos opondo ou fugindo.

A grande lição que o medo pode nos ensinar – a sabedoria de parar diante dele – é que ele nem sempre significa perigo. Como mencionei, o medo pode ser um sinal de algo novo ou desconhecido. Algumas vezes aponta para o amanhecer de todo um novo estado de consciência. Nessas situações, o medo não necessariamente significa que há algo errado; é um sinal de que as coisas estão indo bem e de que estamos tendo uma experiência direta do desconhecido. Se somos buscadores espirituais, isso é exatamente o que queremos, pois é no desconhecido que encontramos nosso potencial para despertar e perceber nossa verdadeira natureza – *nós* somos o desconhecido.

Encontre Buda no caminho

Não existe uma essência secreta que seja imune ao mundo das mudanças.

Existem momentos na vida de todos nós, quando algo acontece ou nos envolvemos com alguém, que reconhecemos como incomuns, fora dos contornos e textura normais de nossa vida. Podemos não perceber quão fundamentais eles são quando ocorrem, mas posteriormente vemos que apontam para a coisa que é mais importante para nós.

Durante a maior parte dos meus 20 anos, passava verões caminhando e acampando nas montanhas de Sierra Nevada. Essas montanhas eram um local de enorme inspiração, de muita paz e silêncio. Enchia minha mochila com o máximo de alimentos que conseguia carregar – normalmente provisão para dez dias, duas semanas – e saía. Quando a provisão ia chegando ao fim, caminhava de volta à civilização. Então reabastecia minha mochila, e lá ia eu novamente.

Uma das coisas de que mais gosto em sair com uma mochila às costas é o aspecto da autossuficiência; cuidamos de nós mesmos e carregamos tudo de que precisamos nas costas. Não há cama, aquecedor, ar-condicionado, geladeira, mercearias; encontramos a vida diretamente como ela é, e não por um prisma de conforto – coisas que nos protegem do curso natural das coisas.

É preciso ter bom senso. Tempestades podem ocorrer a qualquer momento, sem aviso prévio. Algumas vezes fui surpreendido por fortes tempestades de raios e toda a terra recebia uma carga elétrica que pode ser vista como uma névoa azulada sobre o solo quando estamos acima da linha das árvores – o que, como podem imaginar, pode ser perigoso. Tudo isso era parte do que eu gostava: ter de confrontar os elementos, encontrar a vida em seus próprios termos e me ajustar a ela, em vez de ajustá-la a mim.

Em uma dessas viagens, estava descendo a trilha John Muir, que se estende desde o Parque Nacional Yosemite até o Monte Whitney. A trilha tem cerca de 300 quilômetros ininterruptos, sem que nenhuma estrada a cruze. Enquanto caminhava, desci por um caminho lateral que dava para um lago maravilhoso chamado Florence Lake. Do lado oposto do lago poderia me reabastecer, pois havia uma área de *camping* acessível por carro, um café e uma pequena loja. Antes de sair de casa, tinha postado uma grande caixa de mantimentos para retirar naquele ponto, o que fiz. Então, caminhei novamente para a outra margem do lago e voltei ao alto das montanhas.

Enquanto caminhava, encontrei um senhor idoso com uma barba cinzenta longa e volumosa acampado ao lado da trilha. Ele tinha armado sua tenda, e seu fogareiro estava apagado. Foi no meio da manhã de um lindo e fresco dia de verão nas Sierras, e lá estava ele em seu pequeno acampamento. Parei para conversar. Perguntei quanto tempo fazia que ele estava lá e se estava se divertindo, ao que ele respondeu: "Achei que deveria subir aqui uma última vez para apreciar a bela obra natural de Deus antes de morrer".

Então perguntei: "Mas quantos anos o senhor tem?".

"Ah, tenho 85 anos."

Aquilo me impressionou de imediato – aos 85 anos ele colocara uma mochila nos ombros e estava caminhando no alto das montanhas. Tinha um brilho de prazer em seus olhos, ligeiramente zombeteiro, que chamou minha atenção. Puxei um toco de madeira e sentei-me próximo a ele, e conversamos durante um tempo. Quando ele viu o mala budista que eu usava no pulso, perguntou: "O que é isso?".

Respondi: "Ah, é um mala budista, como um rosário".

Antes que eu pudesse dizer qualquer coisa, ele afirmou: "Ah, Buda era um asno", o que chamou minha atenção, porque, naquela época, em meus 20 e poucos anos, o zen-budismo era o caminho que eu escolhera. Eu era um budista comprometido e sempre usava meu pequeno mala. Então encontro esse senhor encantador nas montanhas, e ele prontamente me diz que Buda era um asno! Várias pessoas poderiam ter dito a mesma coisa e eu teria dado um desconto, mas não havia raiva ou julgamento na forma como ele falara. Era uma afirmação que ele deixou solta no ar, e não disse mais nada depois disso, mas olhou bem para mim para ver como eu responderia. A primeira reação que tive foi questionar: "Ah? Por que você diz isso?". Ele continuou conversando comigo sobre budismo, cristianismo, estar nas montanhas e todo tipo de assunto, e ficamos sentados papeando por mais meia hora ou quarenta minutos. Apesar de sua afirmação de que Buda era um asno, era um cara encantador. Eu não soube naquele momento que ele tinha plantado uma semente com suas palavras, mas meu encontro com aquele senhor nas montanhas Sierra Nevada me marcou.

Quando paramos de conversar e eu percebi que precisava continuar meu caminho, ergui minha mochila e desejei-lhe tudo de melhor. Despedimo-nos e eu prossegui, mas o que ele falara sobre Buda ficou em minha mente. Não foi nem tanto o que disse, mas sua forma de dizer, com aquele olhar maroto nos olhos. Fui descendo pela trilha, contemplando e me perguntando por que ele havia dito aquilo. Foi essa a semente plantada no meu inconsciente.

Avançando um pouco no tempo, alguns anos depois eu comecei a trabalhar como mecânico em uma loja de bicicletas. Ainda usava meu mala budista no pulso. Um dia, enquanto trabalhava próximo a uma bicicleta pendurada no suporte, virei-me para me mover e meu mala ficou preso no suporte. Um pedaço de metal o prendeu por baixo, e, como eu estava em movimento, o mala se partiu e as contas voaram por toda a loja. Foi como se elas tivessem explodido do meu pulso, saltassem pelo chão, sob as mesas, e se perdessem para sempre. Eu quase morri de tanto rir. Ri porque naquele momento minha identidade de ego espiritualizado tinha se partido, como se estivesse caindo no chão como aquelas contas, e eu estava feliz com aquilo.

Abaixei-me, catei cada conta que pude encontrar e as coloquei no bolso com a intenção de refazer o mala. Quando terminei, compreendi que aquela identidade espiritual não existia mais e eu não precisava mais me ver sob as lentes da identificação espiritual. Quando cheguei em casa e olhei para aquelas contas, pensando se iria ou não refazer o mala – eu mesmo tinha confeccionado aquele mala –, ficou claro que aquilo acabara. Minha identidade como qualquer coisa – como budista, como cristão – tinha se esvaído pelo chão quando o fio se partiu. Foi então que me lembrei do que aquele senhor nas montanhas me dissera – mas veja, não foi o que ele dissera sobre Buda; foi a forma como falou, com aquele ar maroto nos olhos, como se estivesse tentando me mostrar algo que eu estava quase pronto para ver, mas não ainda naquele momento. Compreendi naquele instante que o fato de o mala se partir e de as contas se espalharem pelo chão foi, de algum modo, um evento simbólico. Foi como a representação de uma mudança na consciência que estava ocorrendo e que eu não estava percebendo até que aquilo aconteceu. Foi uma representação física da minha identidade espiritual caindo e se desfazendo – às vezes é difícil dizer qual a diferença.

Isso não quer dizer que deixei de praticar o budismo; continuei a fazer as mesmas coisas que sempre fizera. Trabalhava com minha professora nos finais de semana e realizava todas as práticas. Nada disso mudou, mas agora não me via mais como um budista ou o que fosse. Quando aquele mala arrebentou, foi como se algo em minha consciência se quebrasse, no bom sentido. Minha habilidade de encontrar uma identidade espiritual, religiosa, ou qualquer outra coisa em um grupo, tinha se quebrado, e isso foi um momento muito transformador. Quando esses eventos internos acontecem, o mundo externo parece imitar o que está ocorrendo internamente e atuar como um espelho de seu estado de ser.

Posso olhar para trás e ver como aquele evento foi significativo. Naquele momento eu sabia que era importante, mas não tinha ideia do quanto. Não tive uma grande revelação, pois não se tratava de alcançar algo, mas, sim, do desmoronar da identidade espiritual ou religiosa. Ainda não entendera que isso também fora parte de uma realização espiritual, parte do caminho. Não importa como construímos nossa identidade; seja em torno de que a construímos, no final isso será tirado de nós em nosso último suspiro nesta terra. Grande parte do caminho espiritual é visto por meio de identidades. Quando pensamos em identidade, podemos chamá-la de "identidade do ego", "identidade com nosso passado" ou "identidade com nossa mente" – com nossos pensamentos e memórias –, mas existem outros tipos de identidade que são mais sutis e mais difusos. Existem identidades que nem sabemos ter até que não a temos mais.

Podemos encontrar nossas identidades por meio de quase tudo – de nossa mente, histórias, condicionamentos, educação e filiação religiosa ou política. Quando rompemos com elas, isso não se dá necessariamente porque não temos mais nenhuma afiliação a uma religião ou a uma visão política; é que podemos ter essas afiliações sem que elas se transformem em quem somos e sem que as sintamos como identidades. Você conhece a piada sobre como arruinar uma festa? Comece a falar de política ou religião. Quando disse que meu mala era um rosário budista, aquele senhor no alto das montanhas me desafiou ao responder: "Ah, Buda era um asno", com um sorriso no rosto e um brilho maroto nos olhos.

Ele não estava tentando me mostrar o que pensava sobre Buda. Não se tratava disso; era algo mais. Senti sua real mensagem como: "Olha, garoto, estou tentando lhe mostrar algo com isso. Você quer ver?". Quer tenha intencionado fazer isso ou não, ele iniciou o processo de ruptura da minha identidade espiritual, e no momento em que o fio que unia as contas finalmente se rompeu e tudo foi ao chão, eu soube que havia me libertado do apego pela minha identidade budista.

Vejo esses dois momentos – a quebra do mala e aquele senhor na trilha – como tremendas bênçãos. Eu poderia ter ficado chateado com ele pelo que dissera de Buda, pelo fato de o rosário budista que usei no pulso durante anos ter se partido e de as contas terem se espalhado pelo chão, mas por alguma razão eu estava pronto para aqueles dois encontros em minha vida. Eles me mostraram como deixar de encontrar minha identidade por meio de minhas afiliações – nesse caso, a afiliação religiosa.

Fizeram-me ver como, sem saber, eu havia construído um senso de *eu*, um senso de *self*, em torno do rótulo "budista". É muito ardilosa a forma como a mente egoica, o instinto egoico tomam algo e, silenciosamente, começam a tecer uma identidade e um senso de *eu* em torno disso. Ao mesmo tempo que eu estava tentando ver e ir além dessas falsas identidades, a mente egoica estava criando uma nova identidade – desta vez como um budista. É possível ser budista ou cristão, muçulmano ou judeu sem ter uma identidade atrelada a isso, e foi o que percebi quando esses dois eventos finalmente aconteceram. Foi o que chamo de "uma antecipação de uma revelação ou de uma verdade mais profunda" – o momento em que pude sentir e perceber o que era não ter uma identidade espiritual. Foi leve, vasto e muito reparador, pois eu podia fazer todas as coisas que fazia anteriormente – todas as práticas budistas em que já estava envolvido –, mas sem precisar criar uma identidade em torno delas.

Todos nós temos essas coisas, não é? Temos nossas afiliações religiosas ou espirituais, nossas inclinações e nossos pontos de vista políticos; definimo-nos por meio da família, amigos, sendo esposos, esposas ou pais, independentemente dos títulos ou dos papéis que possamos desempenhar na vida. Quando olhamos para tudo isso, podemos ver que ter todas essas coisas é perfeitamente cabível, pois desempenhamos funções diversas e inúmeros papéis neste mundo. No entanto, é muito fácil para a mente construir um senso de eu em torno deles. Sem saber, as pessoas constroem uma identidade a partir dessas afiliações ou pontos de vista e, quando são desafiadas, sentem emocionalmente como se todo o seu ser fosse desafiado. Por isso política e religião são assuntos tão críticos numa discussão. Quando estamos prontos, podemos ver que somos capazes de desempenhar todas essas funções, todos esses papéis – e com grande dedicação quando necessário – sem criar uma identidade em torno deles.

Um dos ensinamentos fundamentais de Buda era o do "não *self*". As pessoas acham que ele se referia ao ego, mas não era o caso. "Não *self*" significa algo bem mais profundo. No contexto em que ele usava a palavra "*self*", é possível interpretá-la de uma maneira teísta, que significa algo como "alma". Buda estava dizendo que não existe uma essência secreta que seja imune ao mundo das mudanças e que não há uma pseudoentidade imutável, fixa atrás de seus olhos, que passa a se mover quando o corpo deixa de funcionar. Foi isso o que ele trouxe ao mundo que era verdadeiramente novo. Não é irônico que eu, como um praticante de uma religião que tem tal ensinamento como um de seus pilares fundamentais, estava, sem saber, usando a religião para criar e me agarrar a uma nova identidade?

Hoje, olhando em retrospecto, é quase risível, mas na época (pelo menos por certo tempo) eu levava isso muito a sério. Tendemos a gostar de nossas novas identidades, sejam quais forem, até que vemos além delas e começamos a perceber que não precisamos mais nos apegar a elas. Não precisamos criar uma identidade em torno das coisas que amamos ou que desprezamos; o que somos é algo muito mais intempestivo. Não podemos ser limitados por qualquer uma dessas caixas conceituais em que tentamos nos encaixar.

Esses pequenos momentos – o encontro nas montanhas e a ruptura do mala – levaram-me a uma fase totalmente nova da minha vida espiritual. Reconheci o que estava acontecendo, mas, como disse, a princípio não reconheci seu significado pleno. Foram necessários anos. De fato, teremos esses pequenos momentos se quisermos notá-los, mas, se estivermos muito voltados para nós mesmos e protegendo nossas identidades demasiadamente, não veremos o que o momento está tentando nos mostrar. Entramos na reação, na proteção e vamos nos opor ao momento quando este não estiver de acordo com nossas ideias.

A vida espiritual tem a ver com perceber além dessas identidades – e notar como a mente cria novas identidades tão rapidamente quanto as velhas desaparecem. É valioso prestar atenção aos momentos sutis na vida, pois eles podem atuar como espelhos daquilo que está acontecendo muito profundamente em nossa consciência, em um nível do qual, talvez, não estejamos cientes. Nesse caso, o que o espelho estava me mostrando era: *você não precisa disso. Você não precisa criar uma identidade como budista ou cristão ou judeu ou muçulmano. Não precisa transformar isso em algo concreto com o qual se identifica.*

A vida é um espelho que reflete toda vez que protegemos uma ideia sagrada, afiliação ou ponto de vista. A razão pela qual normalmente protegemos algo ou nos afastarmos de alguém ou de alguma coisa que desafia nossas ideias é que, nesses momentos, sentimos como se eles estivessem desafiando nosso próprio *eu* – e estão. Estão desafiando como nossa mente pegou uma ideia, afiliação ou ponto de vista e criou uma identidade a partir disso. A vida não quer saber como formamos nossa identidade e não tem o menor respeito pelas coisas com que nos identificamos – ela vai ser o que é. É como se nossas identidades fossem bolas e pinos de boliche que vão se chocando uns nos outros sempre que alguém não está apoiando a pessoa que imaginamos ser, ou quando a vida está se desdobrando de uma maneira que parece desafiar a forma que imaginávamos que seria.

Todos nós sabemos que os grandes eventos na vida – divórcios, mortes na família, doenças terminais ou outras crises – podem virar nosso mundo de cabeça para baixo e, se estivermos prontos, podem virar de cabeça para baixo nosso sentido de *eu* e nos mostrar o que ele é: algo frágil que não sustenta uma introspecção ou análise profunda. No entanto, não são somente os grandes momentos que podem atuar como espelhos sutis, libertadores para nós. É pelo acúmulo de pequenos momentos, se houver a disposição de prestar atenção, que descobrimos que nossa vida diária é nosso professor mais direto.

Olho novamente para aquele senhor nas montanhas com grande apreço e gratidão, porque ele fez parte da liberação de uma identidade fixa naquela época. Também olho com muito carinho para o momento em que meu mala budista ficou preso àquele suporte no trabalho, se rompeu e as contas se espalharam pela loja, pois foi ali que minha velha identidade religiosa ou espiritual colapsou. Eu poderia ter ficado chateado ou resistido àquele senhor; poderia ter pensado na quebra do meu mala – o mala que eu mesmo confeccionara e usara em meu pulso durante anos – como uma grande tragédia. No entanto, por alguma razão que não posso compreender, eu estava pronto para ambos os momentos, e por isso eles puderam atuar como ensinamentos. Por não resistir a eles e nem os afastar, eles puderam iluminar a carga que eu estava carregando.

Esses momentos de reflexão não são raros. Eles acontecem diariamente. O convite está constantemente presente, e nós podemos sempre checar e perguntar: *É preciso resistir? É necessário resistir quando alguém discorda de nós? É necessário resistir à vida quando ela toma um rumo diverso daquele que tínhamos em mente? Quando resistimos, que senso de eu ou que identidade estamos mantendo intacto? É necessário? É o que queremos fazer? Esse apego realmente nos liberta?*

Toda vez que nos agarramos a algo, estamos limitando nossa percepção e nossa experiência de ser. Eu o encorajo a olhar para o que a vida está espelhando de volta para você, e, em vez de tentar ser diferente ou melhor, a fazer estas perguntas: *Preciso de uma nova fixação? Preciso construir uma identidade em torno do meu interesse ou ponto de vista? Posso tê-los sem criar um sentido de eu? Posso experienciar uma liberdade maior ao soltar todas as formas de construir uma identidade em torno de minhas afiliações e dos papéis que desempenho na vida?* Todos nós podemos dar mais atenção ao que cada momento da vida está tentando nos mostrar, porque o desejo de ver é tudo de que precisamos.

O SEGREDINHO SUJO DA PRÁTICA ESPIRITUAL

Despertar é abrir mão da forma como percebemos o mundo.

O segredinho sujo da prática espiritual é que confrontar a verdadeira natureza do nosso eu pode ser aterrorizante. Para aqueles de nós que se engajam na prática espiritual, é comum lutar para não encarar o medo existencial. Esse tipo de medo não é necessariamente derivado do passado ou de um evento traumático; ele vem de um lugar dentro de nós. É aquela sensação na consciência de termos encontrado uma imensidade do desconhecido ou do infinito e, em nosso medo, agarramo-nos ao ego.

O ego, em termos gerais, manifesta-se em três partes de nosso ser: conceitual, emocional e rudimentar. Vivenciamos o ego conceitual na mente como imagens, ideias, crenças e julgamentos. É intelectualizado. Quando despertamos do ego conceitualizado, nosso sentido de eu não é mais encontrado na matrix do pensamento – não é mais encontrado naquilo que nos foi ensinado ou numa imagem em que acreditamos. Desprender-se do ego conceitual é como despertar de um sonho; não mais nos identificamos com o que "sabemos" ser verdadeiro.

A segunda forma de ego, mais interior – o ego emocional –, é mantida e sentida em nosso peito. Penso nele como o Polo Norte da nossa bússola egoica, pois, quando nos conectamos com nosso ego emocional, sentimo-nos orientados e em sintonia com nosso verdadeiro eu. No entanto, nem sempre isso é algo positivo; alguns egos sentem-se mais "normais" quando estão em um estado negativo – com raiva, ansiosos ou envergonhados; seja qual for a parte do espectro da experiência emocional que lhes seja mais familiar. Podemos ter despertado do ego conceitual, mas ainda assim estar presos ao emocional. Quando conseguimos perceber que "Eu não sou esses sentimentos", libertamo-nos da identidade emocional com o *self*. Quando isso acontece, há uma libertação de todos os tipos de ego emocional: positivo, negativo e neutro.

O ego conceitual e o emocional orbitam em torno da terceira parte do ego, a mais profunda – que eu chamo de "ego rudimentar", cujas raízes estão em nossa barriga. Se ele pudesse ser traduzido em uma palavra, seria um enorme, gigantesco e cósmico "*Não*! Não à vida, não à morte; não, não, não...". Ainda que não estejamos vivenciando absolutamente nenhuma ameaça real, se esbarramos nesse nível nuclear do ego enquanto meditamos, podemos experimentar uma sensação irracional de que nosso eu será aniquilado. Esse é o lugar do medo existencial. Não é um medo da morte nem de se ferir, mas é o medo do aniquilamento, da não existência, do não ser. Em geral, quando as pessoas se conectam com esse medo e conversam sobre ele comigo – especialmente sobre a imensidão existencial do infinito ou o terror do desconhecido –, inconscientemente elas colocam a mão no baixo-ventre, pois este é o lugar no corpo onde o medo é gerado e sentido.

A ideia de abandonar esse medo contraído, rudimentar pode parecer perigosa. Visualize seu ego rudimentar como um punho cerrado do *self*. Se imaginar uma mão se cerrando e depois se soltando, o punho foi aniquilado. No nível das entranhas, esse ego é a experiência de um vazio contraído, ou de um estado contraído de vazio. Para que essa contração abra caminho de forma que possamos ser livres e conhecer a Deus, devemos acessar algo mais profundo e mais fundamental do que o instinto. Em zen, isso é chamado de "o portal sem portões" que atravessamos quando atingimos marcos ou mudanças espirituais. É desprovido de portões, porque tudo o que está acontecendo é a liberação das contrações, como se jamais houvesse tido alguma coisa lá – criamos o portal em nossas mentes –, e seremos aniquilados, mas não da forma que tememos que aconteça. Quando passamos pelo portal sem portões, quando descerramos o pulso do ego rudimentar, podemos acessar algo mais profundo do que o instinto e ir além do medo existencial.

Podemos ter mil e uma experiências espirituais e ainda manter intacta nossa identidade egoica; mas, quando despertamos verdadeiramente, transcendemos pelo menos parte da estrutura do ego. No entanto, isso não significa que ele não vai se reformular e se manifestar de uma maneira nova. Às vezes acontece; às vezes, não. Ir além de nossos medos existenciais é ver além desse aspecto do ego, libertando nossa consciência para nos conectarmos com seu próprio infinito, vazio, natureza vazia e inexistência.

Desprender-se das ideias mantidas na mente e das emoções mantidas no coração é uma coisa, pois sabemos que fazer isso não significa jamais pensar ou sentir novamente. Mas podemos despertar nesses dois níveis e ainda preservar nosso ego rudimentar intacto; e esse nível existencial do eu pode nos manter presos ao medo. O que acontece se descerramos o punho do ego e do eu? Algumas pessoas temem enlouquecer – é um temor de perder o controle. Não é uma boa ideia forçar a barra com esse tipo de medo; é muito mais sábio lidar com ele quando há uma sensação de prontidão. Porém, à medida que nossa prática espiritual se desenvolve, passamos a reconhecer que a única coisa que será aniquilada é nosso apego ao eu; aprendemos a acessar um lugar mais profundo, e é bom desapegar. Compreendemos que esse cerramento de medo era um portal sem portões e uma contração na consciência.

Imagine novamente a estrutura do ego rudimentar como um punho cerrado; ao se abrir, nada se perde, pois, para início de conversa, não havia nada lá. O ego era a consciência contraída, isso é tudo. Portanto, nada se ganha ou se perde. Somente depois de termos passado por esse portal sem portões é que podemos entender que o ego não era uma coisa; era um pesadelo da consciência gerado por nossa mente. O vazio voraz e o sentimento de aniquilamento iminente não têm uma realidade tangível quando soltamos o punho e desenraizamos a estrutura do *eu* – quando despertamos.

No entanto, mesmo tendo despertado do nosso sonho do ego e visto o outro lado do portal além do ego e do medo resultante, o *eu* ainda está aí esperando que voltemos de nossas férias transcendentais. É por isso que devemos desenraizar o ego do núcleo da consciência. O movimento de ir além do ego raramente acontece na primeira experiência de despertar – é preciso tempo e prática –; mas, quanto mais níveis do ego conseguirmos ver, mais iremos encontrar. Talvez seja mais fácil lidar com eles quando nos vemos fora deles e não sendo definidos por eles. Todavia, um despertar espiritual profundo e potente não significa automaticamente que o ego foi eliminado.

No começo deste capítulo, chamei a experiência de estar preso a um lugar de medo do aniquilamento de "o segredinho sujo da prática espiritual". Ele é "sujo" porque não é discutido abertamente, embora seja uma experiência comum. Sempre que falo sobre isso, as pessoas inevitavelmente respondem dizendo: "Ah, meu Deus! Que bom que você mencionou isso. Estou sentindo esse medo". Não é um bom marketing mencionar que a parte da iluminação da jornada divina pode incluir navegar pelo terror existencial ou encarar o aniquilamento. Não é algo que é colocado na capa de um livro para atrair as pessoas, mas a verdade é que faz parte da experiência da maioria das pessoas.

Desenraizar a estrutura do ego é o fim do mundo egoico e de se perceber a vida por meio deste mecanismo psicológico. Depois não encontramos a realidade da mesma maneira, não vemos o eu nem os outros do mesmo modo. As coisas são diferentes, embora nada tenha mudado – é exatamente o mesmo mundo, pelo qual todos nós tropeçamos espalhafatosamente. Despertar é abrir mão da forma como percebemos o mundo. O que realizamos – o que obtemos em retorno – faz com que o que perdemos pareça insignificante. A maior parte do que perdemos é o que primeiramente levava ao sofrimento. Portanto, mesmo que possamos chamar de perda, não é algo que iremos lamentar. A boa notícia é que não há nada a temer.

A DISPOSIÇÃO PARA ENCONTRAR O SILÊNCIO

Deixar toda a experiência por conta da própria experiência é meditação.

Normalmente a meditação é abordada em termos de técnica – o que fazer quando meditamos. Existem incontáveis variações, e qualquer pessoa que queira saber como meditar pode encontrar instruções em meus outros livros ou em vários lugares. Mas o que é meditação, realmente? O que é a mente meditativa? O que acontece quando entramos na mente meditativa de uma forma autêntica?

Um dos primeiros e mais poderosos aspectos da meditação que encontramos é sua honestidade: estamos sentados encarando a nós mesmos. Quando estamos em um espaço sereno, livre de perturbações externas, como televisão ou conversações, estamos a sós com nossa própria companhia. É possível ter todos os tipos de ideias espirituais extravagantes – todos nós as temos –, mas quando estamos sentados serena e silenciosamente é como olhar no espelho: vemos a nós mesmos. Ao meditar, o que estamos fazendo (pelo menos inicialmente) é notar o conteúdo de nossa mente e de nossa consciência.

Passar a perceber a natureza de nossa mente é o objetivo da meditação, embora este também seja um dos aspectos perturbadores da prática. Abrigamos a ilusão de que direcionamos nossa vida e mente, controlamos o que sentimos e pensamos, até que nos sentamos para encarar a nós mesmos em silêncio. Essa pode ser uma experiência esmagadora, pois a maioria dos seres humanos não sabe quão ativa, incontrolável, turbulenta e imprevisível é a mente, até que comece a meditar. Na maior parte do tempo, a mente está gerando pensamentos pouco ou nada importantes; é como se estivesse entretendo a si mesma. Quando um indivíduo comum caminha pela calçada, não podemos ver seus lábios se movendo, mas é provável que ele esteja tendo uma conversa interna consigo, como se existissem dois deles – um falando e o outro ouvindo. Não podem existir dois *alguéns*, mas é o que parece quando estamos perdidos no diálogo interno.

Várias formas de meditação são uma maneira de nos ajudar a focar a percepção consciente em algo que não seja o estado de mente normal, caótico. Entramos num estado de inocência, e então vemos que temos uma mente que é barulhenta – a primeira camada do conflito – e nossa mente nos diz que não deveríamos ser tão barulhentos, o que cria sua própria camada secundária de conflito. A primeira vez que meditei, eu não tinha a menor ideia do que deveria acontecer ou não. Como não tinha nenhuma ideia, não adicionei a camada secundária do conflito, que é tentar superar a primeira camada – que já está na mente e no corpo.

A meditação é uma tentativa de se conectar com uma parte profunda de seu ser, que não é definida pela narrativa da mente nem pelas turbulentas águas emocionais que algumas vezes encontramos na meditação. Em seu sentido mais profundo, a meditação é um encontro com o silêncio de seu ser. Esta é a essência de sua meditação: a disposição de estar com o silêncio.

O silêncio não está muito presente em nossos debates culturais. Pelo contrário, vendem-nos formas cada vez melhores de nos distrair e de nos convencer de que não podemos viver sem nossos dispositivos eletrônicos portáteis. Apesar de seus usos práticos, a tecnologia pode se tornar um novo meio de criar caos e rupturas. Se estamos nas mídias sociais, o espaço ao nosso redor pode ser silencioso, mas nós não estamos em um lugar de silêncio.

O silêncio pode ser perturbador para muitos de nós. Pode parecer estranho se não estamos habituados a ele, o que é irônico, pois muitas das atividades da natureza – da qual somos parte – ocorrem em silêncio. É por isso que as pessoas gostam de caminhar na natureza ou onde possam fugir do tumulto e dos ruídos da vida humana: é uma maneira de entrar no silêncio. A meditação é uma forma focada de fazê-lo. O desafio é que é justamente quando começamos a prestar atenção ao silêncio interno que ouvimos o barulho, e é aí que várias pessoas se envolvem em uma batalha sutil ou aberta com o caos da mente conceitual e com as imagens do passado ou futuro. No entanto, a meditação não tem absolutamente nada a ver com controle mental. Como um professor me disse uma vez: "Se for à guerra com sua mente, estará em guerra para sempre". O que significaria *não* estar em guerra com nossa mente, nossos sentimentos e com nós mesmos?

Se não tiver cuidado, a meditação pode se tornar uma competição espiritual – não com outra pessoa, mas entre o desejo de estar em silêncio e o movimento da mente. Estar em competição não é meditação. Tentar restringir todos os pensamentos discrepantes em sua mente por meio da concentração não é meditação; é concentração. Meditação é um estado profundo de ouvir. Esta é sua essência: ouvir os lugares silenciosos, mas tentando não afirmar sua vontade ou ajustar sua mente a um padrão determinado, seja para acalmá-la, seja para forçar o pensamento, ou o não pensamento, a seguir certo alinhamento.

Na meditação, o que fazemos é soltar todas as formas de conflito e permitir que cada parte da experiência, que cada percepção seja exatamente do jeito que é, pois já é *certa*. Sentimos do jeito que sentimos, pensamos do jeito que pensamos, e nosso ambiente interno é do jeito que é a cada dado momento para que possamos nos alinhar a ele. Nesse sentido, a meditação é nadar contra a corrente. Às vezes pensamos: *Se eu pudesse resolver meu problema, então eu não teria um problema*. Mas, às vezes, tentar solucionar seu problema é criar outro. Para ouvir os espaços internos silenciosos, é preciso permitir que cada parte de sua experiência seja do jeito que é. Se você não o fizer, entrará em alguma forma de conflito, tentando controlar como pensa ou sente. Meditação significa abandonar o controle, não o aprimorar.

Tente olhar para isso a partir de um ponto de vista subjetivo: um pensamento surge e passa, como se fluísse rio abaixo. Se estivermos focados no rio ou em descobrir se há pensamentos ou não, ficaremos engajados no pensamento controlado, intencional. "Pensar intencionalmente" significa engajar-se no processo de pensar. Há momentos para fazer isso, mas a meditação não é um deles.

A profundidade de sua meditação depende de sua capacidade de ouvir, e a maioria das pessoas não ouve ao meditar. Elas ficam presas às técnicas que estão usando, aprisionadas na tentativa de meditar corretamente ou no que imaginam ser correto, e tentam acalmar a mente. Existe uma intenção não dita, algumas vezes não reconhecida, que podemos levar para a meditação – e, se não formos cuidadosos, essa intenção torna-se sua meditação. Em outras palavras, estaremos meditando sobre nossa intenção, seja ela a de ter uma mente tranquila, estar em paz, nos sentir felizes ou o que for. Meditação significa abandonar a intenção. É o ritmo natural do pensamento quando não acrescentamos nada conscientemente ou tentamos tirar algo dele, quando não tentamos forçá-lo ou cessá-lo.

Existe uma qualidade suave, fluida na meditação, pois sua experiência está mudando constantemente. Tudo é movimento; se tentar parar a fluidez, irá contra o fluxo natural da consciência. Nesse sentido, meditação é não oposição, já que é a forma mais subjetiva de praticar a não violência e a não interferência. Quando tentamos mudar as coisas, impedir que algo aconteça ou correr atrás daquilo que esperamos que aconteça, exercemos uma forma sutil de violência ou controle. Meditação é o abandono dessa atitude, e não é possível abandonar aquilo que não reconhecemos. Portanto, primeiro reconheça qualquer desejo de controle e qualquer esforço condicional para controlar; perceba e observe isso atuar.

Meditação é ver tudo isso. É passar a conhecer a natureza de sua mente e experienciar quando sua mente tenta dominá-lo, quando há um pensamento que diz *Preciso parar de pensar*, que é em si um pensamento; é ver o pensamento como pensamento. Não se trata necessariamente de avaliá-lo, de medi-lo ou de distinguir o bom do mau ou o útil do inútil; isso é para outro momento. Meditação é ver toda a natureza da experiência. À medida que observamos a mente, começamos a ver que tentar controlá-la tende a adicionar conflito, e ser muito rígido em relação a isso causa um sulco de rigidez ainda mais profundo em sua mente e em seu corpo.

Quando a observação da mente se aprofunda, o que os budistas chamam de "concentração em um ponto", a qualidade de nossa percepção consciente começa a nos permitir um estado mais profundo de consciência e de silêncio. Em essência, a meditação é como tomar um elevador para o térreo; é afundar-se na experiência consciente de ser. Não precisamos saber como fazer isso, pois não existe "como". Não é o que fazemos que nos permite acessar grande profundidade na meditação. É muito mais o que não fazemos e do que abrimos mão de fazer. A meditação é a arte de abandonar o fazer.

A primeira coisa que as pessoas perguntam sobre meditação é: "Bem, como medito? O que devo fazer?". Essa é uma pergunta compreensível, mas meditar é entrar no desconhecido. O *self* egoico, ou o falso *self*, baseia-se e se constrói sobre aquilo que sabemos ou pensamos saber – o eu que imaginamos ser. Mas o *self* desconhecido é a dimensão do ser que não pode ser conhecida de forma usual; não é um pensamento, não é uma imagem, uma crença, uma preferência, e não tem história. É isso o que a meditação pode começar a descortinar com um estado de ouvir profundo.

Se ouvirmos nossos pensamentos, permaneceremos no mundo do saber; mas quando olhamos a meditação mais como um ato de ouvir os lugares serenos, internos, então estamos soltando o conhecido. Conhecer quem somos, saber o que deveria acontecer na meditação, saber se somos bons ou maus, ou certos ou errados, ou hábeis ou inábeis na meditação – tudo isso existe no pensamento. Meditação é deixar a consciência, a percepção consciente afundar no desconhecido e naquilo que não é dito. Os pensamentos não são problemáticos; mas o apego a eles, sim. Quando tentamos nos livrar de nossos pensamentos, estamos, na verdade, exibindo um intenso apego aos pensamentos dos quais estamos tentando nos livrar, porque a ideia de que devemos nos livrar de nossos pensamentos existe somente no pensamento.

Tudo isso é meditação. Ao observar nossa própria mente e nossa própria experiência consciente, começamos a acessar um nível de ser mais profundo do que qualquer coisa que a mente ou os pensamentos poderiam criar. É uma dimensão profunda e bela da consciência e uma experiência do *self* que não é definida por todas as velhas noções do eu – crenças, opiniões, preferências e emoções, bem como os sentimentos que elas geram –; é muito mais que isso. Deixe o pensamento com o pensamento – não tente se livrar dele ou ser indulgente com ele. Se pensar que ele deveria estar sereno, isso o perturbará. Se o deixar em paz, ele não vai incomodá-lo. Deixar toda a experiência por conta da própria experiência é meditação.

Convido você a tirar um dia para ouvir. Mesmo quando não estiver meditando, foque o ouvir. Quando estiver dirigindo, ouça – nada especificamente, mas o que é. Se sua mente tagarelar, ouça; não adicione nada e não tente controlá-la, apenas ouça. Se sentir algo, sinta, mas não faça mais nada. Apenas sinta, que é uma outra forma de ouvir. A qualquer momento, você pode vivenciar o presente e ouvir, ser e acessar um senso de ser muito mais profundo. Sinta o grande silêncio que é sempre um aspecto do ouvir. Uma das coisas que ouvirá é o silêncio – e não um silêncio controlado, produzido pela vontade ou pelo esforço, mas aquele que é uma parte da consciência e que se apresenta pelo ato de ouvir todos os sentidos.

A mente meditativa é extraordinariamente sensitiva. Não importa quão útil seja, o pensamento em demasia obscurece a mente. Ele precisa ser renovado essencialmente por meio do silêncio. Por isso, tire este dia para abrir espaço para ouvir os lugares silenciosos internos. Não transforme isso em um objetivo; apenas perceba o que vier por meio do ouvir e da disponibilidade para o que estiver ocorrendo em cada momento da experiência. Se fizer isso, sua experiência ganhará em transparência – não parecerá pesada e sólida, mas começará a parecer translúcida e efêmera, permitindo ainda mais profundidade. Ouça e abra espaço para que dimensões mais profundas de seu ser emerjam em sua consciência. Essa é uma forma de entrar automaticamente em um lugar de meditação.

A ESSÊNCIA DA CONTEMPLAÇÃO

Nossa verdadeira natureza é aquilo que não tem oposto.

Thomas Merton, um monge trapista e teólogo do século 20, escreveu em *Novas sementes de contemplação*: "A contemplação é precisamente a consciência de que esse 'eu' é, na verdade, 'não eu', e o despertar do 'eu' desconhecido que está fora do alcance da observação e da reflexão e é incapaz de fazer comentários sobre si mesmo".*

Vale a pena repetir esta sentença: "A contemplação é precisamente a consciência de que esse 'eu' é, na verdade, 'não eu', e o despertar do 'eu' desconhecido que está fora do alcance da observação e da reflexão e é incapaz de fazer comentários sobre si mesmo". O "eu" que é familiar à maioria de nós é o "eu" que nomeamos centenas de vezes ao dia: "*Eu* vou trabalhar. *Eu* estou almoçando. *Eu* vou jantar. *Eu* estou lendo este livro". Este é o que Merton está chamando de "não eu". O *eu* que você passou a conhecer por meio de sua memória, julgamentos de bom, mau, certo ou errado, suas opiniões, sistema de crenças e identificação com uma nacionalidade, raça ou gênero – todas as formas pelas quais você se define – não é você.

---

* Trecho retirado da edição brasileira do livro *Novas sementes de contemplação*, traduzida por Ir. Maria Emmanuel de Souza e Silva (Petrópolis, RJ: Vozes, 2019). [N. de E.]

O que Merton está dizendo é que a contemplação é exatamente a consciência de que esse eu, o velho *self* familiar pelo qual você se definiu durante boa parte de sua vida não é seu verdadeiro *self*, em absoluto. O eu que você aprendeu, o eu que foi formado pelo acúmulo de pensamentos, memórias e imagens é um falso *self*. O falso *self* é um riacho de pensamentos condicionados em contínuo movimento, e esses pensamentos condicionados – ou boa parte deles – dão origem a certos sentimentos, de forma que também estes são sentimentos condicionados. O início da contemplação, da profundidade e do *insight* é ver que o falso *self* é realmente falso – "falso" não no sentido de mau ou errado, mas no sentido de não ser real. São pensamentos que fazem referência a mais pensamentos, conclusões que se referem a mais conclusões e autoimagens que se referem a mais imagens; em outras palavras, é um pensar que não se refere a nada a não ser ao mais pensar autogerado. É um *loop* que se autoconfirma: um pensamento confirma o próximo pensamento, que confirma o próximo e o próximo, e, como todos os pensamentos são partes do corpo, existe também sentimento. Pensar algo e então senti-lo são os dois pontos de referência para a maioria dos seres humanos: *se eu penso, eu sinto, então é real*. Mas não é preciso muita reflexão para reconhecer que todos nós pensamos e sentimos coisas que acreditamos ser verdadeiras e que mais tarde descobrimos não ser.

Insight é a consciência de que isso não é o eu real nem o despertar do eu desconhecido. Merton faz uma escolha interessante de palavras: "O 'eu' desconhecido, que está além da observação e da reflexão e que é incapaz de comentar sobre si mesmo". Vale a pena dividir em partes. O verdadeiro eu – o que Merton chamou de "o eu desconhecido" (se, de algum modo, quisermos chamá-lo de "eu" ou "*self*") – é desconhecido porque não é um pensamento, um sentimento, nem uma imagem que podemos criar em nossa mente, e não é construído a partir da memória. Em outras palavras, não é conhecido da maneira usual como conhecemos as coisas. O verdadeiro eu está além da observação e reflexão, como diz Merton, porque está observando a si mesmo.

Podemos refletir sobre o falso *self* e observar somente o falso *self*; não podemos observar o verdadeiro *self*, nem podemos refletir sobre ele, pelo menos no sentido convencional de refletir sobre ideias e imagens. O falso *self* é um sonho despertando. Quando despertamos do sono pela manhã, o ego ou o falso *self* desperta conosco imediatamente, e é para esse *self* que Merton está pedindo que olhemos. É um amontoado de pensamentos, mas não é o que você é. A mente se irrita: *Bem, onde vou encontrar quem sou? Onde está a verdade do meu ser? Onde está meu verdadeiro* self? A mente busca o verdadeiro *self* e a verdade como objetos – algo para o qual a consciência pode olhar e compreender –, mas o verdadeiro *self* não lança reflexões que possam ser transformadas em imagem e, como tal, concebidas como objeto. Na percepção direta de nossa verdadeira natureza, é o aspecto autorreflexivo da mente que se rende.

É por isso que Merton falou do *eu* desconhecido, do *self* desconhecido e do *você* desconhecido. Desconhecido porque o *você* verdadeiro jamais pode ser transformado em um objeto de observação – é a observação. Não pode ser transformado em um objeto que emerge da consciência, pois a verdadeira natureza é algo mais sintonizado com a consciência que olha. Essa consciência – a consciência que está lendo estas palavras, por exemplo, que está vendo o que você estiver vendo e ouvindo o que você estiver ouvindo – não tem forma ou formato. Nesse sentido, é desconhecida. É desconhecida no sentido de não estar aqui, e não no sentido de estar oculta, embora não seja algo tangível. É o que observa sua tentativa de alcançá-la e compreendê-la, pois toda compreensão da percepção consciente acontece na consciência.

Merton estava apontando para isso quando usou esta linguagem maravilhosa: "O desconhecido 'eu', que está além da observação e da reflexão e que é incapaz de comentar sobre si mesmo". Incapaz de comentar, de dizer se isso é bom ou mau, certo ou errado, talentoso ou sem talento, macho ou fêmea. O verdadeiro *self* – se é que em absoluto podemos chamá-lo de "*self*" – não pode ser conhecido dessa maneira, pois, embora estes sejam rótulos forjados em nós, existimos com ou sem eles. Os rótulos não nos definem; definem o falso *self*. Tudo o que nossa avaliação define é o falso *self*, e tudo o que nosso autojulgamento define é o falso *self*, de forma que o falso *self* nada é a não ser esses julgamentos e avaliações. O *self* desconhecido é o *self* que não conversa consigo, que não é encontrado em rótulos, avaliações, julgamentos, opiniões ou mesmo em sistemas de crenças – embora tudo isso exista em sua consciência.

Merton o chama de "o 'eu' desconhecido" e não está fazendo afirmações positivas sobre a verdadeira natureza. Há uma sabedoria nisso, pois, assim que definimos a verdadeira natureza por uma afirmação positiva – como "Ah, tudo bem, é percepção consciente e é consciência" –, isso se torna outro objeto na consciência. Mesmo nossa ideia de consciência é uma ideia que surge na consciência, mas a verdadeira natureza dessa consciência transcende a ideia. Sabemos disso porque é possível ter uma ideia da consciência, ou não ter nenhuma, e de qualquer maneira a consciência está funcionando bem. É por isso que em algumas formas de espiritualidade não existem maneiras positivas de afirmar o que é a verdadeira natureza. Outras tradições a descrevem como "você é consciência" ou "você é percepção consciente" ou "você é Um". Essas descrições são válidas, mas apenas se reconhecermos que elas são relevantes somente por aquilo que omitem.

O *self* sem forma ou formato ou análise – o *self* que Merton chama de "o eu desconhecido" – é desconhecido porque jamais pode se tornar um objeto da consciência. A consciência jamais pode se tornar um objeto em si mesma; pensamentos sobre a consciência sempre estão na consciência. Esta é a essência da mente meditativa, da observação meditativa e da contemplação de Merton: quando olhamos internamente para nossa verdadeira natureza, vemos que pensamentos, imagens e ideias são fenômenos que passam pela nossa experiência consciente. Ao fazer isso, transcendemos esses fenômenos, pois quando todas essas noções e ideias e avaliações se vão, mesmo por poucos segundos, o que somos ainda está aí.

Um dos desafios que as pessoas enfrentam quando começam a buscar sua verdadeira natureza é a expectativa inconsciente de que vão encontrar a si mesmas da mesma forma que encontrariam qualquer outro objeto. Buda reconheceu isso quando propôs sua doutrina do "não *self*". Ele teve uma observação e uma experiência similares a de Merton: a de que o "eu" que normalmente pensamos que somos não é um eu real. Buda foi mais além ao afirmar que não existe um eu nem um *self*. O que ele viu foi o falso *self* – um amontoado de padrões condicionados de pensar, sentir e reagir, nenhum dos quais tem qualquer permanência. Assim que um pensamento de autorreferência desaparece, outro surge e toma o lugar do anterior. Quando compreendeu isso, Buda entendeu que tudo que rotulamos como "*self*" não é real. Não há um *self* por trás dos pensamentos auto-orientados que se referem a um *self* que não está presente quando o procuramos.

Dizer que "não existe o *self*" é uma forma negativa de transmitir essa ideia. Não me refiro ao negativo no sentido de mau; refiro-me ao negativo no sentido de negar. Merton deu ao ponto de vista um giro positivo quando chamou de verdadeira natureza "o 'eu' desconhecido": o "eu" conhecido é uma ilusão; o "eu" desconhecido é o eu que não pode ser transformado em objeto. Quer o chamemos de um "eu", como ele o fez, ou de "não *self*", como Buda, não importa. Não queremos nos prender demasiadamente aos termos que estão sendo usados, pois isso acabará nos distraindo da oportunidade de nos abrir ao que eles nos ensinam.

O *self* desconhecido, ou verdadeira natureza, está sempre aqui – sua verdadeira natureza não pode ir a nenhum lugar. Quando compreendemos isso, estamos compreendendo o que sempre esteve aqui. A realização nesse sentido não tem a ver com aprimoramento; tem a ver com reconhecer o que você já e sempre foi, e já e sempre será. Não é a descoberta de um *self* melhor; ao contrário, é ver que a verdadeira natureza transcende noções como consciência e percepção consciente, pois "consciência" e "percepção consciente", como cada palavra que usamos, são relevantes somente em relação ao que elas não são. "Alto" só faz sentido em relação a "baixo", e "quente" só faz sentido em relação a "frio". O que define consciência é não consciência.

Cada palavra que usamos é entendida não somente pelo que conhecemos de seu significado, mas pelo que sabemos sobre o que tal palavra não é. Quando uso uma palavra como "meia" não estou me referindo a um carro ou a um avião ou a uma xícara – estou me referindo a uma meia. Não pensamos em todas as coisas que uma meia não é quando usamos o termo, porque isso seria ineficiente; mas, ao aprender a palavra, aprendemos que uma meia é uma coisa, o que significa que não é todas as outras. Quando nos referimos à verdadeira natureza, não se trata de algo oposto a outros; é toda a extensão do ser que inclui tudo que transcende todos os conteúdos da consciência. É o conteúdo em sua mente – seus pensamentos, sentimentos, todo o restante –, mas também tudo o que vemos ao abrir os olhos, o que sentimos e o que ouvimos. Tudo isso é também o conteúdo de sua consciência. No entanto, nossa verdadeira natureza é aquilo que não tem oposto, que não tem um "outro" em oposição a ela e que não é definida por aquilo que não é.

É possível ver o desafio que encontramos: qualquer linguagem que usarmos será enganosa. Como colocar em palavras a realidade de estarmos além de todas as ideias sobre nós mesmos, de todas as noções do *self* e de todas as construções do *self*? Definir o que é a verdadeira natureza sempre apontará para uma limitação, e a verdadeira natureza não inclui limitação. Palavras devem ser usadas e entendidas com certa sensibilidade poética, para que não fiquemos presos às definições – de Deus, da natureza de Buda, de Brahma ou do que quer que você escolha – daquilo que não tem oposto, por sua verdadeira natureza.

Merton tinha talento para expressar profundas experiências e *insights* espirituais por meio da linguagem poética. Quero repetir suas palavras: "A contemplação é precisamente a consciência de que esse 'eu' é, na verdade, 'não eu', e o despertar do 'eu' desconhecido que está fora do alcance da observação e da reflexão e é incapaz de fazer comentários sobre si mesmo". Sente-se com esse pensamento e perceba como ele viverá em você com o passar do tempo. É uma bela maneira de abrir-se ao *self* verdadeiro e ao eu desconhecido que jamais pode ser transformado em objeto de observação.

Sempre já em meditação

A percepção consciente e o silêncio são as características mais íntimas e óbvias da consciência.

Meditar é a prática central das formas mais esotéricas ou internas da espiritualidade. A meditação, como eu a uso, é para o despertar – "despertar" no sentido da revelação de nossa verdadeira natureza do que somos. Mas a meditação pode servir a várias outras funções: ajuda a relaxar e faz bem para a saúde, especialmente para o cérebro. Talvez você pense que deveríamos dar mais atenção à nossa higiene mental, psicológica, emocional e espiritual. Temos uma higiene para tudo – escovamos os dentes, mantemos nosso corpo limpo, nossas roupas lavadas, nossa casa arrumada e nosso carro bem cuidado. Damos mais atenção a muitos dos objetos inanimados em nossa vida do que ao bem-estar do nosso espírito, que nos faz sentir inspirados e leves e nos dá uma sensação de ligação direta com o sagrado e a atemporalidade.

Sejamos ou não espiritualizados ou religiosos, todos nós somos atraídos para o sagrado – uma conexão com uma qualidade misteriosa que está oculta sob a superfície de nossa atenção consciente normal. Não que precisemos sair à procura do sagrado, como se ele estivesse escondido em algum lugar. O sagrado não está oculto; ele é a base sobre a qual toda a nossa vida acontece, esse alicerce de tamanha importância, esse sentimento do significado

— não necessariamente a definição do que esse significado poderia ser, mas o seu sentimento — e o sentimento de algo profundo e misterioso. Isso é o que a meditação, a arte de ouvir, disponibiliza para nós.

Quando ensino meditação, enfatizo não só o que estamos fazendo como também as suposições que trazemos para a simples prática de ouvir. Podemos ver a meditação como uma forma de busca espiritual, de buscar algo que achamos que nos falta ou de tentar nos completar de algum modo, mas a meditação começa com o reconhecimento daquilo que já está presente, e não pela busca daquilo que não está ou que imaginamos não estar presente. Um dos conselhos que dou às pessoas quando elas se sentam para meditar é que perguntem a si mesmas: *É verdade que a paz, o silêncio e a quietude que estou prestes a procurar já não estão presentes aqui e agora?*

Poucos segundos após a pergunta, se estiverem abertas para ouvir e deixar que algo — não um pensamento — responda, seu corpo e sua consciência podem sentir que existe um estado preexistente de silêncio e paz, e que a percepção consciente já está presente. A mente pode não ser capaz de entender o que é a percepção consciente, pois pode não ser capaz de agarrá-la, defini-la, vê-la ou tocá-la, mas o mero fato de poder (por exemplo) ouvir a voz de alguém só é possível por causa do estado preexistente de consciência que está funcionando exatamente agora. O simples fato de fazer a pergunta já atrai a atenção para esse estado preexistente de silêncio, paz e leveza; espontânea e intuitivamente, dirige nossa atenção para a consciência que está por trás de cada experiência.

É por isso que chamo a meditação de "a arte de ouvir" — ouvir não com a mente ou os ouvidos, mas com todo o seu ser. Todo o nosso corpo — o corpo físico e o corpo sutil — é um organismo vivo extraordinariamente sensível, e é ele que usamos na meditação.

Vejo a meditação não só como a arte de ouvir profundamente, mas também como a arte de reconhecer o que já e sempre está presente. Se de algum modo não reconhecermos o que está presente, tentaremos buscar ou produzir o que imaginamos não estar presente. Temos de parar de buscar ou correr atrás de alguma coisa, mesmo que essa coisa seja o silêncio, a quietude da mente e a paz. Temos de parar de buscar essas coisas como se elas estivessem ausentes de nossa experiência presente; elas são a fundação de nossa experiência presente.

Essa forma de meditação pode ser uma mudança radical na maneira como muitas pessoas meditam. Foi o que aconteceu comigo. Fiquei surpreso quando finalmente notei que muito do que eu procurava em minha meditação já estava presente antes de eu começar a meditar. Não consigo transmitir realmente o sentimento de quando me sentei um dia para meditar e observei que mesmo antes de tentar estar consciente, a consciência já estava presente, e que antes de tentar me acomodar e estar em paz e em silêncio, já havia um estado de paz e uma sensação de quietude. Compreendi que muitas das qualidades que eu buscava na meditação já estavam presentes, e isso foi um choque. Foi como se eu tivesse sido pobre toda a minha vida e, um dia, botasse minhas mãos nos bolsos e descobrisse que estavam cheios de dinheiro. Eu era um milionário! Achava que eu era pobre e, por isso, jamais checara meus bolsos. Estava tentando obter dinheiro fora, mas mal sabia que já o tinha.

Esta é a parte da meditação que ensino: reconheça o que está presente em vez de buscar o que imagina não estar presente. Essa é uma grande diferença para a forma de meditar da maioria das pessoas. Também falo sobre uma das razões pelas quais tanta gente acha a meditação frustrante: a mente parece estar tão ocupada que há uma dificuldade de parar e ouvir. No entanto, se começarmos a reconhecer que, sim, a consciência já está presente, haverá uma sensação de quietude e paz antes mesmo de procurá-la. É como se essas qualidades já fossem o pano de fundo de nossa experiência consciente, mas estamos tão presos no *fazer* que jamais as notamos. Parte do fazer em que podemos ficar presos é a meditação ativa propriamente, de modo que ela se torna uma outra forma de buscar algo e de tentar satisfazer a mente egoica implacavelmente insatisfeita.

A consciência está presente mesmo quando sua mente fica tagarelando. Da mesma forma que minha voz produz sons, os pensamentos em sua mente produzem um som interno, mas eles acontecem no silêncio da consciência. Reserve um momento para sentir, para perceber e para ouvir esse silêncio ao fundo. A consciência do silêncio pode passar rapidamente antes de sua atenção perambular, e tudo bem; mesmo quando sua atenção vagueia, ainda assim existe a percepção consciente de que o pensamento está acontecendo na consciência – porque, se assim não fosse, você nem saberia que havia um pensamento.

Meditação não é a arte de não pensar – esse é um equívoco sobre meditação cometido quase sempre. É a arte de ouvir aquilo que já não se está pensando, que é o espaço no qual os pensamentos acontecem, e o silêncio no qual o ruído da mente conversa consigo mesmo. Assim, em vez de tentar controlar a mente, seja para silenciá-la ou para fazê-la produzir um pensamento, a meditação torna o pensamento irrelevante. Esse ruído da mente é outro tipo de ruído e, mesmo quando está acontecendo, ele ocorre em uma percepção consciente silenciosa ou na consciência.

A percepção consciente e o silêncio são as características mais íntimas e óbvias da consciência. Estamos bem servidos quando reconhecemos e notamos o que está presente, em vez de buscar constantemente o que não está. O que já e sempre está presente está presente já e sempre, o que significa que não é separado de nós, não é outro que não você, e não é algo que não está agora, já e sempre acontecendo. Quando procuramos algo que imaginamos não estar aqui, que imaginamos estar faltando, a mente está conversando com ela mesma sobre o que ela pensa que precisa fazer. Uma mente que diz "eu preciso aquietar minha mente" ainda é uma mente ruidosa, e uma mente que diz "não sou boa nisso" é uma mente ruidosa. Note como a consciência não está brigando com sua mente. É somente a mente que briga consigo mesma, e é só a mente que briga com a maneira como você se sente, mas mesmo essa briga é algo que ocorre na consciência.

É mais útil e certamente mais fácil pensar na meditação como a arte de reconhecer o que já está presente. Isso pode acontecer quando estamos sentados em meditação, o que é ótimo, mas é possível fazê-lo a *qualquer* momento. São necessários apenas poucos segundos para notar que a percepção consciente e o silêncio já e sempre são o pano de fundo de cada experiência. Comece com alguns instantes de meditação – dez, quinze segundos – e repita-os ao longo do dia. Gradualmente, não faça nada a não ser essa prática de reconhecimento por dois, dez, vinte, 25 segundos – o quanto for –, mas sem transformar isso em uma batalha ou em algo que seja frustrante ou que o faça se sentir derrotado. Esses pequenos momentos de meditação podem mudar sua percepção. De certo modo, mudarão sua consciência, para que se abra e comece a observar, sentir e perceber – tornar-se mais sensível para – o sagrado e a atemporalidade. Esse processo pode ou não começar logo na primeira vez, mas o sagrado e a atemporalidade já e sempre estão presentes. Tudo o que precisamos fazer é tirar um tempo para observar – e isso é meditação.

Quando o universo contempla a si mesmo

Não há o nada.

A maioria de nós já passou pela experiência de olhar para o céu à noite. É um processo que captura a imaginação à medida que olhamos para a extraordinária vastidão do espaço e contemplamos o mistério inacreditável de como tudo isso foi criado, como funciona e para onde vai. Existem tantas perguntas sem respostas. É parte da beleza, mesmo na investigação científica: quando encontramos uma verdade, ela traz à luz dez outras que não sabíamos que desconhecíamos. O conhecimento tem esse efeito. É maravilhoso e empolgante, e às vezes empoderador, passar a entender certas coisas sobre a natureza do cosmo.

Quando estamos prestando atenção, temos uma sensação natural de admiração. Estamos todos aqui, neste minúsculo planeta, flutuando em um imenso e expansivo mar de tempo e espaço. Somos somente um alfinete, no entanto somos seres cientes. Até onde podemos olhar esse espaço, podemos ver várias coisas, mas não encontramos outras inteligências com habilidades semelhantes ou além das humanas, pelo menos até agora.

De todos os lugares em que poderíamos estar, de todos os seres que poderíamos ser, é notável que em certo sentido somos os olhos, os ouvidos e a habilidade contemplativa do universo. A consciência nos concede essa habilidade única não só de ser conscientes, mas *também de estar conscientes de que estamos conscientes*. Podemos refletir sobre o refletir sobre as coisas, e o que está acontecendo é o cosmo refletindo sobre si mesmo. Olhar para o incrível mistério, para o despertar espiritual ou para a revelação propriamente nos mostrará que nós – no sentido mais profundo das coisas – somos o mistério para o qual estamos olhando.

O impulso espiritual – o impulso que nos motiva, que nos conduz e nos inspira a despertar para a natureza mais profunda da realidade – tem um elemento humano. Em outras palavras, como seres humanos, queremos algo mais dessa percepção, seja a felicidade, o amor ou um alívio do sofrimento. Mas a motivação real para o despertar está na própria vida. Esta intenção é maior do que a humana: é a vida ou a existência buscando ser consciente de si mesma e conhecer a si mesma. Se minha fala sobre essa capacidade da consciência de reconhecer a si mesma soar cósmica demais, você tem minha compreensão, mas se estiver em silêncio por um momento vai descobrir que existe a simples sensação de ser – a sensação de que "eu existo" mesmo antes de formar as palavras "eu existo". Mesmo antes de o pensamento definir essa sensação de ser, há uma sensação de existir e de saber que você existe. Isso é consciência e do que ela nos torna capazes.

Imagine se não tivéssemos consciência, se fôssemos robôs, mecanicamente desempenhando uma série de causas e efeitos em um nível biológico, psicológico e emocional, mas sem um senso de existir. É impossível conceber a ausência de consciência, pois para fazê-lo é preciso ter consciência para conceber. O fato de podermos dizer qualquer coisa sobre nossa experiência de vida subjetiva é em si prova da consciência.

Esse é um dos aspectos maravilhosos da dimensão contemplativa de nossa vida, em que passamos algum tempo olhando para dentro de nós ou ficamos em silêncio. Ela nos conecta a essas experiências sobre o mistério da existência, e não só ao mistério das galáxias e das estrelas e de outras coisas que parecem estar tão distantes, mas também ao mistério das coisas diárias. Perdemos contato com o mistério da vida, com aquela sensação de espanto que nos traz um sentimento de vitalidade e engajamento, porque é fácil nos perder nos detalhes. Parece haver tantos detalhes e dispositivos eletrônicos para acompanhar os detalhes que para nós é fácil mantermo-nos constantemente ocupados, mesmo quando não precisamos estar.

Algo que vem me impressionando há alguns anos é que existe pouca diferença entre adultos e bebês em relação a um ponto: se quiser ocupar a atenção de um bebê, basta colocar algo brilhante, cintilante e colorido sobre seu berço, que ele vai ficar olhando e se distrair com isso. Nós, adultos, fazemos o mesmo com nossos celulares. Nossos aparelhos brilhantes, radiantes têm usos práticos que dissimuladamente tornam nossos brinquedos uma necessidade na vida diária, pelo menos para a maioria das pessoas. Como resultado, é fácil nos distrairmos ao longo do dia, lidando com textos ou e-mails ou com qualquer outra coisa que precise ser feita. O ritmo da vida contemporânea nos custa a dimensão contemplativa, pois rouba o espaço para nos sentar, olhar para o céu à noite e ponderar sobre o mistério que somos e o mistério do qual fazemos parte.

Minha esposa, Mukti, e eu temos alguns carvalhos – a maioria deles já com bem mais de 100 anos – em nossa propriedade. A cada outono os carvalhos soltam seus frutos, as bolotas, o que é sempre maravilhoso, pois estes atraem os alces. Olhamos pela janela, vemos os animais buscando alimento e nos encantamos com o fato de aqueles frutos pequeninos terem sido as sementes de carvalhos tão imensos. Uma coisa tão pequena, uma semente, é o início de uma dessas surpreendentes e majestosas árvores. Isto cativa minha imaginação e admiração: o fato de a vida poder gerar qualquer coisa, e de existir alguma coisa que não o nada. Parece que tudo seria muito mais fácil se nada existisse – não demandaria esforço, explosões, buracos negros, supernovas. Ainda assim, não há o nada; há um pouco de algo.

Dito isso, ainda parece existir muito mais desse nada do que alguma coisa neste universo. Hoje em dia os cientistas estão quebrando a cabeça e se perguntando o que é todo esse nada. Quando olham para ele, compreendem: "Uau, esse nada não é um nada! Esse nada é alguma coisa". O "nada" está exercendo a força gravitacional. O "nada" acaba não sendo um nada. Os cientistas nem mesmo sabem o que é esse nada. Eles o chamam de "matéria escura", que é uma forma espectral de dizer que existe alguma coisa, embora não saibamos o que seja. É um mistério para nós.

Se alguém lhe perguntasse: "Como é viver no mundo em que você vive?", você talvez comece a pensar no mundo que os seres humanos criaram. Nossas criações são ao mesmo tempo impressionantes e desastrosas. Mas, e se comparadas ao mistério da existência? A coisa mais simples é extraordinariamente misteriosa, se prestarmos bastante atenção. E não apenas as coisas, mas também as pessoas – nossos entes queridos, amigos, filhos. Se estivermos dispostos a olhar, e se contemplarmos qualquer um com certa profundidade, não levará muito tempo até que percebamos quão misteriosas as pessoas são.

Mukti e eu estamos casados há mais de duas décadas e, de certa forma, à medida que os anos passam, vamos nos conhecendo cada vez melhor, o que é um aspecto adorável de compartilhar a vida com alguém. No entanto, o que notei é que, conforme nos conhecemos melhor, simultaneamente o mistério do outro vai se revelando mais. Acho isto um elemento fascinante de qualquer relação humana: se prestarmos atenção – o que é um grande "se"

–, perceberemos que mistério incrível é cada pessoa. Mesmo com as pessoas que acreditamos conhecer tão bem a ponto de poder prever seu comportamento ou pelo que elas vão se interessar ou não – ainda assim, se pudermos olhar sob a superfície, a vida é plena de mistérios. Quando perdemos o contato com isso, ficamos anestesiados. Ficamos inconscientes quando perdemos essa conexão com o mistério absoluto da existência. A espiritualidade é uma exploração desse mistério.

Entretanto, existe uma diferença entre o conhecimento que adquirimos em disciplinas científicas e o conhecimento que adquirimos por meio da contemplação. O conhecimento adquirido por meio das ciências é o que chamamos de conhecimento objetivo, enquanto o conhecimento que buscamos na espiritualidade é conhecimento subjetivo. Os neurônios, os elétrons e as sinapses em nosso cérebro, a forma como a química de seu corpo funciona e sua biologia – isso é conhecimento objetivo. Mas não podemos lidar conosco como um projeto científico. É por isso que há tanta ênfase na espiritualidade em ser consciente e estar presente e perceber sua natureza; estamos vendo a natureza de nossa subjetividade, estamos vendo a natureza da consciência propriamente, e esta é uma exploração diferente. A espiritualidade é um caminho para entrar diretamente na experiência subjetiva de ser.

Esta é a noz que quebramos na espiritualidade: abrimos o mistério de nosso próprio ser pelo ato da contemplação, investigação e curiosidade. A espiritualidade bem praticada é a ciência da experiência subjetiva. Mas, mesmo quando estamos fazendo isso, podemos ficar tão presos ao objetivo e àquilo que esperamos alcançar – o estado de ser a que estamos tentando chegar – que perdemos o *estado misterioso* de nosso ser e a existência misteriosa da consciência. Estamos tão ocupados tentando nos consertar ou alcançar algo que não desaceleramos o suficiente para notar a natureza misteriosa de nossa própria existência, a natureza misteriosa de nosso sentido de ser e do sentido de "eu sou". O fato de que somos conscientes de ser conscientes de existir é extraordinário. Até o momento, não encontramos isso em nenhum outro lugar no universo; talvez um dia encontremos, mas não sabemos.

Quanto mais examinamos a nossa própria natureza e quanto mais procuramos um eu, mais distantes estamos de encontrá-lo. Quando olhamos internamente para encontrar nosso eu verdadeiro, nossa verdadeira natureza, a primeira coisa que acontece é que não encontramos um eu. Não encontramos essa pseudoentidade, mesmo que seja somente uma entidade psicológica. Ao contrário, encontramos um processo – um processo de mover os pensamentos, os sentimentos e as emoções que tais pensamentos geram. Se olharmos para cada pensamento individual ou por trás de cada sentimento individual, veremos que não podemos encontrar um eu neles. Podemos encontrar o pensamento, mas não o eu que está tendo o pensamento; podemos encontrar um sentimento, mas o que exatamente é esse "eu" que está tendo o sentimento?

Uma das coisas que torna a disciplina espiritual poderosa é quão a sério levamos a investigação – e com isso quero dizer quanto somos precisos. Na espiritualidade, às vezes deixamo-nos escapar com bastante imprecisão. Estamos considerando a natureza de nosso ser e alguém nos pergunta: "Bem, o que você encontrou? Qual é a verdade de seu ser?". Somos nebulosos e confusos quando se trata de como expressar essas coisas, e eventualmente somos nebulosos e confusos ao examinar nossa experiência ou explorar nossa consciência. Parte do que concede força a qualquer disciplina espiritual é nossa habilidade de olhar de forma precisa, não de maneira aleatória.

Qual é a natureza do meu ser? Onde está esse eu? O que é exatamente? Ele existe? Se não sou um eu, então o que sou? Essas perguntas não são formuladas para receber respostas rápidas; elas são feitas para abrir nossa mente e nossa consciência para que possamos experienciar mente e consciência mais direta e intimamente. Não importa para onde olhamos – do maior dos maiores para o menor dos menores –; se não estivermos prestando atenção, deixaremos de vivenciar a admiração e a maravilha da existência, e a admiração e a maravilha da existência são o que motiva o anseio espiritual. Em um sentido mais profundo, a inclinação inerente à vida é tornar-se plenamente consciente de si mesmo: o sentimento de anseio ou de ser conduzido espiritualmente é um desejo que pertence à própria vida querendo estar consciente de si mesma – de estar plenamente desperta e plenamente presente. É daí que nasce o impulso espiritual, de um lugar que é ainda mais profundo do que nosso interesse pessoal, mais profundo do que esperamos ou do que queremos de nossa espiritualidade.

Em outras palavras, há outro jogo sendo jogado pela própria vida, por essa imensidão, em uma escala completamente diferente, buscando tornar-se o mais autoconsciente possível. Essa é sua conexão com o mistério, e essa é a origem da curiosidade cósmica, seja a curiosidade sobre a vasta escala do cosmo em que nos encontramos ou sobre a vasta escala da consciência que somos. É muito importante engajar-se em tais coisas; é a razão pela qual toda forma de espiritualidade profunda enfatiza a habilidade de prestar atenção, de não caminhar pela vida no piloto automático. Um dos maiores potenciais da prática espiritual, se nos dedicarmos devidamente a ela, é que nos tira do piloto automático. Torna-nos conscientes do que está acontecendo, de quem somos, do que somos e de quão notáveis e incomensuráveis são este mundo e nosso ser. A própria consciência é incrível – como ganha vida e como existe uma consciência de tudo. O fato de existir uma consciência da consciência é extraordinário.

Tudo é muito mais extraordinário do que imaginamos, desde os eventos mais ordinários na vida. Envolver-nos com nossa verdadeira natureza – com a misteriosa e irresistível qualidade da existência – exige que prestemos atenção, que estejamos presentes e que não caminhemos como sonâmbulos pelo próximo momento, pelo próximo dia, pela próxima semana e pelo próximo ano. Exige que nos esforcemos por trazer um sentido ainda mais profundo de consciência e de percepção consciente para cada momento. Quando fazemos isso, a qualidade de nossa própria consciência transforma todo o nosso ser.

É uma experiência incrível sair, olhar o céu e contemplar as distâncias esmagadoramente vastas que compõem esse universo do qual fazemos parte e do qual nos percebemos como sendo consciência. Quando contemplamos o universo, somos o universo contemplando a si mesmo, e talvez esse seja o aspecto mais impressionante e extraordinariamente profundo de toda a nossa vida.

CONSCIENTE DA CONSCIÊNCIA

Talvez eu não seja o que pensava ser.

Como venho sugerindo, grande parte do nosso impulso espiritual origina-se da própria vida. Cada pessoa tem suas próprias esperanças e sonhos, mas, se colocamos de lado nossas expectativas sobre o que podemos obter da espiritualidade, em um nível mais profundo, mais fundamental, o que acontece é a vida ou a existência buscando estar ciente de si mesma e plenamente consciente de si mesma. Esse é impulso da espiritualidade e, em outro sentido, é também o impulso da ciência. A ciência é a forma de o universo explorar a si mesmo cientificamente, como um objeto ou como uma série de objetos, e a espiritualidade é como a vida contempla a si mesma subjetivamente. Contemplar a natureza da consciência é contemplar sua mais subjetiva experiência de ser.

A palavra *subjective* (subjetiva), pelo menos em inglês, não é necessariamente um elogio. Quando dizemos que alguém está sendo subjetivo, significa que essa pessoa está presa a um ponto de vista específico e não consegue ver além dele. Esse aspecto da palavra "subjetividade" carrega muita bagagem. Parte dessa bagagem não é positiva, mas a maneira como estou empregando "subjetivo" não é nem positiva nem negativa; eu a estou usando de forma trivial. As disciplinas espirituais são uma forma de explorar nossa experiência subjetiva de ser. Quando mergulhamos para dentro de nós, quando meditamos, estamos tentando envolver nosso mais subjetivo senso de ser.

Existem formas diretas e indiretas de fazê-lo, mas estou mais inclinado à forma direta. A dificuldade é que não é complicado. Seria mais fácil se *fosse* complicado, porque daria às nossas mentes ocupadas muito o que fazer, mas não é. Quando falo de examinar a natureza subjetiva de seu ser, refiro-me a voltar-se para dentro, para sua experiência subjetiva. Normalmente, quando pensamos em "minha experiência subjetiva de ser", estamos nos referindo ao que pensamos, ao que sentimos, às nossas opiniões, às nossas crenças. No entanto, essas coisas (o pensar, o sentir e o experienciar), no final, não são subjetivas, pelo menos não no sentido em que estou usando a palavra. Elas não são a experiência mais subjetiva de ser, pois nossos pensamentos e sentimentos surgem na consciência consciente, existem por um curto período e então morrem. Mas temos uma experiência de consciência mesmo se não estivermos pensando ou sentindo alguma coisa.

Quando começamos a explorar a natureza de nossa consciência, a consciência já está aqui. Neste exato momento, a consciência está bem aqui. Não precisamos fazer nada para criar consciência. De certo modo, existe uma utilidade compreensível em tentar criar consciência, tentar criar mais percepção consciente e tentar estar mais atento – mas uma forma mais direta de estar atento é reconhecer a presença da consciência, da percepção consciente, e o fato de que ela já está operando. Está operando neste momento, e é por isso que você pode ler estas palavras. É por essa razão que você pode sentir o que sente sobre a consciência, ou pensar o que pensa sobre ela, e refletir a respeito – a consciência possibilita isso.

Um dos erros que as pessoas cometem quando buscam um entendimento mais profundo ou uma experiência mais direta é procurar a consciência como se esta fosse um pensamento, uma coisa ou como se tudo de que precisassem fosse uma definição melhor de consciência. Procuram por ela como se fosse um objeto, mas a consciência não é um objeto; é sua experiência mais subjetiva de ser. Assim como seu globo ocular não pode ver a si mesmo, a consciência não pode se transformar em um objeto de percepção, porque é sempre o sujeito fundamental.

Quando consideramos a natureza de nossa consciência, a primeira coisa que fazemos é não tentar entender nem solucionar tudo, pois isso envolve o pensamento, e precisamos ir mais profundamente do que os pensamentos. O pensamento não é nossa experiência mais subjetiva de ser, embora muitos pensem ser, pois a experiência de si mesmo é um incessante, incansável pensar sobre si mesmo. Porém, quando olhamos mais de perto, notamos que todos esses pensamentos são objetos que surgem na consciência.

O objeto e nossa experiência são o que algumas vezes chamo de "o conteúdo". Reduzindo a algo mais simples, existe o *conteúdo* de nossa experiência que captamos pelos nossos sentidos – o que vemos, saboreamos, sentimos, pensamos e imaginamos, tudo isso é o conteúdo de nossa consciência – e existe o *contexto* no qual todas as experiências, todos os pensamentos, todos os sentimentos, todas as emoções e todas as percepções acontecem. O contexto não é em si um pensamento ou um sentimento, mas o espaço e a percepção consciente em que pensamento e sentimento emergem. Entrar na prática espiritual esperando que grandes experiências aconteçam – alguma experiência que será o ponto culminante de todas as outras – vai mantê-lo obcecado com o que pode surgir ou realmente surge em sua consciência em algum momento. Mas o que pode surgir em sua consciência agora ou em qualquer outro momento também vai passar. Tudo que surge em ou para sua consciência está, em certo sentido, em movimento; não é estático, pois nada dura por muito tempo, nada é eterno. Essa é a natureza do conteúdo.

Buda teria dito que o conteúdo é impermanente, entretanto estamos continuamente nos agarrando ao conteúdo. Às vezes alguém que é mais ativo intelectualmente pensa que será poupado se tiver os tipos certos de pensamento, a série certa de pensamentos ou o entendimento intelectual certo, e assim está incessantemente buscando um entendimento conceitual claro, mais sutil. Alguém mais embasado emocionalmente vai despender seu tempo na espiritualidade – a menos que seja cuidadoso –, procurando ter a experiência certa ou o sentimento certo. Sua busca acontecerá no nível dos sentimentos e emoções, mas estes são também coisas que emergem na consciência.

Explorar a natureza da consciência é ardiloso, pois é a simplicidade máxima. Estamos acostumados a buscar os objetos de nossa experiência ou a antecipá-la, mas quando olhamos para a natureza da consciência, percebemos que esta é o elemento comum a todas as experiências. Não existe a possibilidade de ter uma experiência ou uma percepção da qual você não está consciente, já que sempre há um elemento de consciência. Explorar a natureza da consciência é diferente de explorar a natureza do pensamento – embora eu esteja aqui usando palavras que são símbolos para os pensamentos, para direcionar a consciência a refletir sobre si mesma. No final, não estamos procurando ter o entendimento conceitual "certo" ou a experiência "certa" – apesar de vários buscadores espirituais ficarem presos à busca do entendimento ou da experiência ideal.

A consciência é o contexto em que todas as experiências e entendimentos acontecem. A consciência transcende o entendimento ou o pensamento, e também a experiência. Isso pode ser confuso para muitas pessoas, pois estamos condicionados a tentar nos agarrar à consciência em termos de entendimento ou experiência – isso é, nos agarrar ao conteúdo – e, ao fazê-lo, perdemos o contexto. O contexto – mais uma vez – de cada experiência e de cada percepção é a própria consciência.

Não é preciso entender a consciência, em absoluto. Isso não é necessário, pois a consciência vai funcionar quer nós a compreendamos ou não. Partimos de um reconhecimento: *quer eu compreenda ou não, a consciência está presente bem agora, neste momento. A consciência está presente, e a percepção consciente também.* Se acrescentamos o elemento da contemplação, adicionamos uma investigação. Quando exploramos a natureza da consciência, também estamos explorando a natureza de nós mesmos e daquilo que somos. Parte disso tem a ver com retornar à consciência como tal, e não à consciência de algo. O que nos ajuda nesse processo é distinguir entre conteúdo e contexto: o contexto é a própria consciência, e o conteúdo é todo o restante. Quando puder fazer essa simples distinção entre ambos, você começará a ter um conhecimento profundo da consciência, pois não ficará preso, agarrando-se ao conteúdo.

Tentar agarrar-se à consciência é como tentar agarrar-se ao espaço. A consciência é assim; eu a comparo ao espaço porque não podemos agarrá-la, já que não há nada aí. É uma espécie de luz, embora não me refira a uma luz que possamos ver. É uma luz que possibilita ver. Se perdêssemos a consciência por mais de um minuto, haveria um dissolver lento e gradual da percepção consciente de algo. Se a consciência ou a percepção consciente desaparecessem, não haveria a experiência de alguma coisa; não haveria nem a experiência do nada, nem do vazio. Se existir consciência zero, não há experiência de algo.

Essa consciência possibilita toda a nossa experiência, pois ela é toda a nossa experiência de ser em seu verdadeiro sentido.

Enquanto lê estas palavras, você está consciente disso; sua consciência está operando, assim como a percepção consciente. Não é preciso tentar fazer com que algo seja consciente; não se trata de uma prática para tentar ser mais consciente; é um processo de reconhecimento da consciência. É aqui. O que estamos fazendo é obter um senso de consciência e de como é, poderíamos dizer, sentir a percepção consciente, embora consciência e percepção consciente estejam além do sentir, pois todos os sentimentos são só o material que emerge.

Quando nos tornamos mais cientes da percepção consciente e da consciência, começamos a sentir intuitivamente; é a forma de o corpo reconhecer a consciência. É por isso que sugiro que a prática espiritual seja reduzida à tentativa de obter o sentido e a sensação da consciência, permanecendo nesses sentimentos e reconhecendo que cada forma conceitual de pensar sobre si e descrever a si mesmo é um objeto de consciência. Essas coisas podem desaparecer, mas nós, como consciência, permanecemos. Cada pensamento, cada crença, cada opinião está em movimento. Eles se movem na consciência, e é por isso que pensamos neles continuamente, pois todos os conceitos desaparecem tão rapidamente quanto surgem.

Imagine que a mente pare de criar pensamentos, reações, sentimentos e todo esse tipo de coisa; imagine que ela cessou por um instante. Nesse momento, você terá perdido suas formas familiares de se autodefinir; mas, mesmo quando todos esses rótulos familiares se vão, ainda existe o sentido básico de percepção consciente e um sentido básico de consciência. O que você é pode existir sem todas as maneiras de se autodefinir ou de se autojulgar, pois o que você é transcende tudo isso. Em outras palavras, você ainda existe, mesmo quando não está tendo pensamentos sobre si mesmo.

Não existimos como nossos pensamentos. Se todos os pensamentos em sua mente cessassem por cinco segundos, nesses cinco segundos o *self* egoico não existiria, pois o *self* egoico é o movimento do pensar, bem como os sentimentos e emoções associados que o pensar produz. Se você *não* pudesse pensar sobre si, perderia todo o sentido de *self*. Você *assim como é* não desapareceria, mas você *como imagina ser*, sim.

Ao desprender-se de tudo o que imagina ser – bom, mau, indiferente –, você poderá começar a intuir o estado de ser preexistente, que é a consciência propriamente. Isto é parte da contemplação: uma exploração da natureza da consciência e da natureza do *self*. É um ato meditativo – poderá até mesmo senti-lo ao ler estas palavras –, pois descer à natureza nuclear do *self* exige que se vá além dos aspectos mais objetivos da percepção consciente. É preciso ir abaixo de todas as maneiras como você se autodefiniu e perceber que o que você é existe sem quaisquer definições, embora ainda exista e ainda esteja aí. Comece a perceber a sensação de *meu Deus, talvez eu não seja o que pensava ser durante toda a minha vida! Posso ter me enganado, e todos os que conheço, também. Posso ser algo diferente do que imaginei que fosse.*

Esse é o espaço que começa a se expandir quando olhamos atentamente. Percebemos a grande possibilidade de nos libertar da pessoa que imaginávamos ser e de nos tornar algo totalmente diferente. Podemos começar a ter uma sensação e um sentido do mistério de nosso ser, de nossa consciência, e ver por nós mesmos que a consciência é a condição anterior e o contexto no qual toda experiência e todas as percepções emergem.

A contemplação é um ato inerentemente meditativo, pois é a única maneira de prestar atenção. Não estou sugerindo que você deva se contorcer na posição completa de lótus; quero dizer que é meditativa no sentido de ser capaz de entrar nos espaços silenciosos do seu ser. Não é difícil encontrar os espaços silenciosos, já que a quietude está aí, e é o ambiente onde tudo está ocorrendo. Contemplar a nós mesmos, nosso ser, e a consciência propriamente não é necessariamente tão difícil quanto imaginamos. É mais imediato e mais direto do que possamos imaginar. Nada disso é difícil por ser complicado; se há dificuldade, é pelo fato de ser tão imediato e de não conseguirmos concebê-lo na mente. Se estiver tentando fazer isso corretamente e ordená-lo em sua mente, ainda estará perdido na dimensão conceitual. Há um momento específico para usar a dimensão conceitual da mente – que é uma ferramenta poderosa e potencialmente criativa e útil, sem dúvidas –; no entanto, quando consideramos a natureza mais profunda do nosso ser, o constante movimento do pensamento pode ser enganoso, porque nos faz sentir como se fôssemos esses pensamentos, bem como nossa autodefinição e as emoções e os sentimentos associados gerados por ela.

Não se trata apenas de você. Tem a ver com algo ou alguém. O que sabemos de alguém é um amontoado de informações – um bando de ideias, imagens, *flashes* do passado, julgamentos no presente e conclusões –, todos os quais estão na mente e que às vezes podem ter certa utilidade, embora nem tanto quanto imaginamos. Não se trata somente de contemplar a si mesmo, pois uma contemplação profunda de sua natureza é um portal para toda a natureza e toda a existência. Não é um ato autocentrado ou narcísico quando feito corretamente, pois nos ajuda a despertar de nossa auto-obsessão narcísica. O *self* com o qual a maioria de nós está obcecada é o *self* que existe em nossa mente e só em nossa mente, à medida que lutamos por ele, que o protegemos e que o afirmamos – ou até mesmo quando nos impele a tentar ser pessoas melhores ou mais iluminadas. Não importa quão útil e poderoso seja o pensamento, ele também tem uma qualidade em si que quase pode levar a consciência ao transe assim que pensamos que a verdade de alguma coisa está na definição que lhe damos.

"Nada" é a palavra que damos a ele, e "nada" é exatamente como o definimos. A contemplação é um meio de descascar as camadas e ver o que está por baixo. Inerentemente, isso não é algo difícil de ser feito. Não precisamos mergulhar profundamente em nossa consciência para fazê-lo, em absoluto. Simplesmente precisamos ser capazes de permanecer presentes bem aqui e bem agora para a qualidade óbvia da consciência. O desafio está em ficar com essa coisa tão simples. É muito mais difícil ficar com algo simples de real consistência do que entrar na complexidade. A complexidade irá nos entreter infinitamente e dar à sua mente algo para fazer, mas entrar em contato direto com a consciência propriamente é a simplicidade máxima, pois não há nada ao que se agarrar. Não é possível segurar a consciência ou a percepção consciente, nem a perder. Podemos nos distrair e começar a ficar obcecados com o próximo pensamento ou sentimento; mesmo assim, toda a nossa obsessão está acontecendo na consciência. Portanto, nunca, jamais fugimos da consciência.

Apesar de todo o esforço que as pessoas fazem para adentrar ou encontrar a consciência, a irônica verdade é que não se pode perdê-la. Podemos perder a consciência *da* consciência – podemos estar conscientes sem nem mesmo notar que estamos conscientes, refletir sobre isso ou reconhecer como é extraordinária e misteriosa a consciência. A razão de perdê-la é que ela é onipresente e parte de toda experiência. A consciência propriamente não sobressai; são todas as outras coisas que se destacam. Ao contemplar a natureza da consciência em nós, estamos estabelecendo o palco para que a consciência se ilumine e reconheça a si mesma diretamente, pois ela pode despertar da identificação com seu conteúdo.

Isso não significa que há algo de errado com o conteúdo. Não há nada de errado com o pensar ou o sentir. Tentar não pensar não funciona bem, e tentar não sentir é uma forma de viver na negação. Não estou encorajando ninguém a descartar nenhum pensamento ou a jamais sentir novamente, como se o problema fosse a *identificação* com pensamentos e sentimentos. Apenas note que em seu ser mais profundo você de fato transcende tudo, os pensamentos de autobusca e as emoções autorreferenciais. Você é anterior a eles, e estes podem e realmente desaparecem enquanto sua consciência permanece. Notar isso de forma direta estabelece o palco para o instante do reconhecimento – aquela maneira pela qual não a mente, mas a consciência propriamente reconhece a si mesma. É como se a consciência dissesse: "Aha! Estive perdida em pensamentos e sentimentos, no passado e nas minhas ideias sobre o futuro e em tudo o que pensava ser – e nada disso define quem sou". Que revelação! Que grande liberdade compreender isso. Essa é a essência da contemplação.

Não precisamos estar em algum estado distorcido de consciência para alcançar isso. Sua consciência tão eclética o fará, e sua experiência tão diversificada está perfeitamente adequada para ver que o contexto da experiência sobrevive ao conteúdo. O conteúdo vem e vai, mas o contexto está sempre aqui. O que isso diz sobre você?

Isto é o que quero dizer com contemplação: olhar para algo. Isso é meditação, isso é investigação, e é como passamos a nos conhecer diferentemente do que sempre fizemos. É assim que passamos a discernir o que chamamos de "outros" e o mundo que jamais poderíamos imaginar – uma forma que não está separada de nós. Contemplar o sentido subjetivo da consciência, o senso de *self* subjetivo, deixa-nos vulneráveis para liberar os *insights*. Pense em quanto tempo a maioria das pessoas despende em sua prática espiritual, obcecadas em modificar o conteúdo da experiência; ano após ano, elas buscam a experiência certa e o conteúdo certo. Que surpresa quando finalmente despertam e compreendem que o contexto era o aspecto mais importante ou libertador da contemplação espiritual. Isso lhes dá uma nova base para a ação, para se relacionar e para contribuir para este mundo que é nosso. Despertar não é um ato autocentrado – no final, é o que nos liberta do autocentramento, se o fizermos corretamente. Esperamos que nos liberte para ter uma presença alegre e benevolente no mundo, que fale ao nosso senso de ser mais profundo. Se pudermos ser uma presença benevolente, consciente e livre no mundo, teremos algo verdadeiramente revolucionário para oferecer: ser.

CONHECE-TE A TI MESMO

Quando olhamos para dentro, vemos que o que somos é anterior ao pensamento.

Sabe-se que os gregos antigos gravaram a frase "Conhece-te a ti mesmo" no pórtico do Templo de Apolo, em Delfos. A implicação é que conhecer a si mesmo era a moeda que permitiria a entrada no templo. Podemos conceber esse fato como uma estrutura arquitetônica com uma inscrição que comunica a importância de se autoconhecer ao cruzar a porta do espaço sagrado. Existe aí, porém, um significado metafórico. Se virmos o templo como um depositório da verdade de quem somos – a verdade da existência –, então, para entrar nessa verdade, precisamos nos conhecer.

Isso não é conhecimento comum; não é a aquisição de fatos, memória e coisas que aconteceram ao longo de nossa vida. Não é o conhecimento lido em livros ou adquirido no estudo da psicologia ou teologia. É algo mais imediato e mais íntimo. Para compreender o que somos, devemos despender tempo conosco. É estranho dizer isso, pois todos nós pensamos que estamos despendendo tempo conosco constantemente e que, de fato, não podemos fugir de nós mesmos. Mas estou falando de despender tempo consigo de uma forma mais profunda – ou seja, entrar na contemplação, uma observação silenciosa, porém atenta do desdobramento da experiência e da consciência. Contemplar a consciência é uma investigação que exige um olhar e observação atentos. É motivada pela intenção de se chegar a um saber experiencial profundo do que você é.

Surgem dois caminhos quando começamos a contemplar a natureza do nosso ser. O primeiro é o que chamo de "relatividade iluminada": "iluminada" porque está vendo a verdade de nós mesmos de uma maneira direta e imediata; "relatividade" porque é uma forma relativa de explorar a verdade – não é absoluta.

Pense em uma árvore. Supomos que ela é formada por raízes, tronco, galhos e folhas – é assim que definimos a palavra "árvore". É uma definição ridícula! Você já vivenciou uma árvore cheia de vida, saudável e vibrante? Já viu uma árvore saudável que seja separada do solo? Já viu uma árvore que se desenvolveu sem o sol? Consegue imaginar uma árvore em um ambiente sem ar e chuva? O fato de não existir nenhuma árvore viva, em crescimento, que seja independente do solo, do céu, do sol ou da chuva nos diz algo que vai contra nossa visão condicionada: uma árvore não existe separada de seu meio. Como jamais encontramos uma árvore isolada de seu meio, devemos concluir que uma árvore *é* seu meio. Essa é uma forma racional de dar um rótulo (como "árvore") à experiência de um tipo de unidade. É necessário todo um cosmo para se criar uma árvore, e esse cosmo está se expressando na forma de uma única árvore. Quando vemos essa verdade além do entendimento mais racional, damos o próximo salto e percebemos que todas as coisas incluem tudo. Em outras palavras, uma única árvore é também todo o cosmo, e todo o cosmo é uma única árvore.

Aplique isso aos seres humanos. Em um nível relativo, também existimos como todo o meio ambiente. Talvez você pense que estamos separados do mundo, mas é preciso todo um cosmo para gerá-lo, a mim e a bilhões de outras pessoas no planeta. Você pode atestar isso agora mesmo: se prender sua respiração por vinte segundos, vai começar a se sentir desconfortável, porque estará privando seu corpo não só de algo que ele precisa, mas de algo que ele é. Retire o oxigênio de um ser humano e não teremos mais um ser humano.

Quando analisamos o meio ambiente, descobrimos que ele é feito do mesmo material que nós. Como o maravilhoso escritor espiritual Alan Watts disse em seu discurso "A natureza da consciência": "Olhe, aqui está uma árvore no jardim, e a cada verão ela produz maçãs, e nós a chamamos de macieira porque ela produz maçãs. É o que acontece. Bem, agora aqui está um sistema solar dentro de uma galáxia, e uma das peculiaridades deste sistema solar é que, pelo menos no planeta Terra, ele produz pessoas! Da mesma maneira que uma macieira produz maçãs!". Pense nisto: o mundo gera pessoas da mesma forma que uma macieira gera maçãs. Assim como uma macieira produz maçãs, porque as maçãs são parte da macieira, a Terra gera seres humanos. Sem a Terra, não há seres humanos.

Essa é uma maneira de entender o aforismo "Conhece-te a ti mesmo". Partimos de um ponto fixo convencional, examinamos nossas convenções e percebemos que a razão de existirmos em um ambiente é que sempre fizemos parte dele. Isso é conhecimento em um sentido transcendental; não é conhecimento racional nem irracional, mas transracional. O conhecimento transracional mostra-nos que não há separação entre humanos, chegando ao sangue, ossos, medula e a todo o meio. Como o grande professor espiritual Nisargadatta Maharaj memoravelmente afirmou: "Quando olho para dentro e vejo que nada sou, isso é sabedoria. Quando olho para fora e vejo que tudo sou, isso é amor. Entre ambos, minha vida flui".

Se invertermos essa afirmação, encontraremos o segundo caminho para contemplar a natureza do nosso ser. Olhamos internamente e buscamos nosso verdadeiro eu, nossa verdadeira natureza e o que verdadeiramente somos. Estamos considerando o conteúdo da consciência. À medida que fazemos isso, compreendemos que *tudo* é o conteúdo da consciência, até mesmo o mundo externo, porque sem consciência não conseguimos perceber o mundo. Quando trazemos a maré da investigação para dentro, notamos todas as coisas que *não* somos. Veremos que não vamos nos encontrar na nossa definição de nós mesmos. Se examinamos todos os pensamentos que usamos para nos definir, compreendemos que não há um *self* nesses pensamentos. Os pensamentos vêm e vão, mas a percepção dos pensamentos permanece. Não podemos *ser* um pensamento ou uma coletânea de pensamentos, não importa quão sofisticados sejam.

Quando olhamos para dentro, vemos que o que somos é *anterior* ao pensamento. Você estava aqui antes do pensamento, durante o pensamento e estará aqui depois dele. Não estou me referindo ao "você" que o pensamento cria – este desaparece assim que não se pensa mais nele. Se aceitar que nossa verdadeira natureza não existe na mente pensante, então onde você deve buscar o autoconhecimento?

Comece com o que sente. Ao investigar o que sente, a sensação é a de estar exatamente aqui, exatamente agora. Como sente o chão sob seus pés? Como o seu corpo se sente? Como a sua mente se sente? Qual é a sensação do espaço que você ocupa? Perceba essas coisas. Também os sentimentos vêm e vão, já que estão sempre mudando; portanto, você não pode *ser* o que sente. Terá sentimentos, sensações e emoções, que são coisas perfeitamente naturais, mas que não lhe dizem o que você é. Sempre penso nessa contemplação como se fosse um experimento científico. É preciso olhar para algo de determinada maneira, sem sair do trilho com um pensar confuso. Poderá dizer a si mesmo:

"A pergunta perante nós é: 'Sou meus pensamentos ou não?' A única maneira de descobrir é perguntar: 'Quando paro de pensar, eu desapareço?'". O eu baseado em pensamentos desaparece, mas algo ainda está aí: sua consciência. É a consciência que está pensando sobre minhas palavras bem agora, que está sentindo o que você sente e vendo o que você vê.

O estranho é que quando olhamos para dentro de nós, quanto mais olhamos, menos encontramos. Então, continuamos olhando . . . e olhando. Finalmente, como continuamos a não encontrar o *self*, ele cairá sobre nós. *Não estou me encontrando no conteúdo da minha experiência, pois este está sempre mudando, mas o que quer que eu seja parece sempre estar aqui. O conteúdo da minha consciência não está me dizendo quem eu sou.*

Vamos retornar ao ensinamento de Nisargadatta Maharaj, que é difícil de superar: "Quando olho para dentro e vejo que nada sou, isso é sabedoria. Quando olho para fora e vejo que tudo sou, isso é amor. Entre ambos, minha vida flui". Ele não disse "quando olho para dentro e nada vejo" ou "vejo que estou olhando para o nada", porque essas são projeções da mente. Ele afirmou: "[Eu] vejo que eu nada *sou*". Isto é uma revelação: olhar internamente e ver que não é que não existe nada, mas, sim, que *somos* esse nada. Quando se encontra esse "nada", surge uma sensação incrível de alívio, liberdade, alegria e bem-estar – sintomas de retornar aos nossos sentidos ou, como falamos espiritualmente, de despertar.

"Conhecer-te a ti mesmo" olhando internamente é ver além dos pensamentos, sensações, memórias, imaginação e o pensar autocentrado, pois nada disso é você. É estranho, pois continuamos a não encontrar nada até que nos deparamos com a descoberta de que "eu *sou* esse nada" e despertamos para essa realidade. É o nada mais pleno em que você vai esbarrar! Não se trata de uma caixa vazia de nada; não é o nada que encontramos no dicionário, mas é um ser de nada. Consciência é nada; sua percepção consciente dessas palavras também é nada.

Considere isso em relação ao amor. Ao experienciar amor, pergunte-se: *que peso tem? Que cor tem? Como soa?* Então, compreenderá que o amor não é uma coisa, é um nada – mas isso não significa que o amor não exista ou que não o vivenciemos. O amor não é uma coisa, não é nem mesmo uma experiência. Pode ser vivenciado como experiência, mas qualquer um que tenha filhos sabe que nem sempre sentimos por eles um enorme transbordamento em nosso chacra do coração. Na maioria das vezes, sim; mas, quando seu bebê está dando um show no supermercado ou seu adolescente está gritando na sua orelha, você não pensa: *Ah, meu Deus, estou tão apaixonada pelo meu filho neste momento!* Isso significa que você não ama seu filho? Claro que não. O amor real está aí, mesmo quando não sentimos muito amor; o amor verdadeiro transcende a experiência momentânea de amor. O amor imaginário, por outro lado, desaparece assim que seu estado de sentimento desaparece; na melhor das hipóteses, é um amor de adolescente.

Quando olhamos internamente, descobrimos que nada somos e compreendemos que o estado de nada é pleno, é profundo e é o que somos. Quando olhamos para fora, vemos que tudo está conectado a todas as coisas. Quer escolha olhar para fora ou para dentro, irá encontrar sua verdadeira natureza. Paradoxalmente, somos tudo e nada – tudo *é* nada, e nada *é* tudo. Isso não faz o menor sentido se permanecemos nas ideias abstratas, mas faz o mais perfeito sentido na experiência direta, se pudermos alcançá-la.

Conhece-te a ti mesmo. Olhar internamente e ver que nada somos; olhar para fora e ver que somos tudo: esses são os pontos de entrada para o divino.

Você é todo o meio

Tudo é seu meio, e o meio é cada coisa individual.

Os ensinamentos espirituais têm como objetivo nos tirar da conscientização parcial e finalmente nos levar além desse estado, em direção ao despertar. Com frequência isso exige aprender a usar o poder de nosso discernimento, não de uma forma filosófica ou puramente intelectual, mas para conectar esse processo intelectual à nossa experiência direta. Existem vários ensinamentos que dizem coisas como: "Note que enquanto os pensamentos estão presentes, você não é seus pensamentos. Os pensamentos vêm e vão. Você é aquilo – seja o que for – que observa seus pensamentos indo e vindo. Por isso, os pensamentos são, na melhor das hipóteses, uma realidade secundária. Você não é seus sentimentos, pois estes também são algo que está lhe ocorrendo – seja o que você for –, e também eles vêm e vão, e há pelo menos um sentimento que permanece como uma constante".

Essa é uma estratégia ou técnica espiritual comum. Penso nela como uma discriminação meditativa – "meditativa" no sentido de ter a intenção de nos conectar à nossa real experiência do momento, não sendo dogma nem filosofia. O que estamos fazendo é empurrar a consciência para o estado de testemunha, pois, no exercício espiritual de usar a discriminação, estamos aprendendo a nos desidentificar (que é diferente de desassociar) da autodefinição pelos nossos pensamentos ou sentimentos ou até mesmo pelo mundo à nossa volta. Compreendemos que somos consciência, em oposição a tudo o mais ou a algo de que estamos cientes.

Percebermo-nos como consciência, como percepção consciente propriamente, é transformador. É um *insight* significativo, e podemos até mesmo chamá-lo de seu jeito próprio de despertar – uma mudança fundamental da identificação com pensamentos e sentimentos para a experiência puramente subjetiva de ser consciência ou percepção consciente –, *mas isso não é um ponto final.* É um ponto médio da conscientização. Ainda temos uma diferença fundamental entre quem percebe e o que é percebido, entre a percepção consciente ou consciência e tudo aquilo de que ela está ciente ou consciente. Depois vêm os estados mais profundos de conscientização, quando quem percebe ou o estado de testemunha colapsam, assim como colapsa a percepção de sujeito e objeto. É quando encontramos nossa verdade sobre a natureza de nossa existência.

O que significa quando sujeito e objeto colapsam? Como é essa experiência? A melhor forma de descrevê-la é que realizamos que somos todo o meio. Você *está* onde quer que possa encontrar a si mesmo a qualquer momento. Pense numa árvore. Ao começar a olhá-la, verá que a forma como nos ensinaram a pensar sobre o que é uma árvore é como uma abstração. Por uma questão de conveniência e comunicação, sacrificamos algo ao reduzir as coisas no mundo natural para que possamos comunicar algo sobre elas, e pensamos que as conhecemos e que temos poder sobre elas. O preço que pagamos por isso é que esquecemos que uma árvore não existe sem o solo, o céu, a chuva, as nuvens e o espaço – sem seu meio.

Somos tão abstratos em nosso pensar que argumentamos: "Não, uma árvore depende do sol, do solo e da chuva para sua sobrevivência", mas ela não *depende* dessas coisas; todas elas existem juntas, como uma só coisa. Compreender essa unidade é compreender que tudo existe como um todo coerente: "Sou o todo; de forma alguma sou separado ou outra coisa que não o todo". Seu corpo, os pensamentos em sua mente, seus sentimentos, o sangue percorrendo suas veias, as batidas do seu coração, sua respiração – tudo que o faz ser o que chamamos de "humano" depende de todo o meio. Não haveria seres humanos sem a luz do sol, pois seria como existir a bilhões de quilômetros no gélido espaço e, no entanto, a maioria de nós não pensa prontamente "Eu sou a luz do sol", a menos que seja um ser evoluído ou um santo.

Tudo é seu meio, e o meio é cada coisa individual. Como William Blake escreveu:

Ver um Mundo num Grão de Areia
E um Céu numa Flor Silvestre
Ter o Infinito na palma da sua mão
E a Eternidade numa hora. . .

A experiência de unidade é algo semelhante. Digo "algo" porque nenhuma descrição é idêntica ao que é descrito; mas, talvez, se encarar essa descrição de maneira leve, descontraída e contemplá-la, um dia você vai despertar e compreender que existem formas diferentes de ver e experienciar a vida. Fomos ensinados a experienciar o mundo e a nós mesmos como partes que podemos nomear, classificar e discriminar uma da outra, mas no final essas partes não têm sua própria realidade independente. Elas jamais teriam surgido sem seu meio, nem poderiam existir sem ele.

A EXPERIÊNCIA ANTERIOR AO PENSAMENTO

Toda a existência é Deus, incluindo aquele que reconhece isso.

Você já notou que, ao explorar a verdade de alguma coisa, acaba encontrando a verdade de todas as coisas? Na mente conceitual isso parece um *insight* místico, e às vezes é – a verdade pode chegar a nós como uma revelação. Mas também é verdadeiro, pelo menos em um menor grau, se usarmos nossa inteligência e mente conceitual para ver como a interconectividade é um fato vivo. Essa não é uma ideia inteligente ou espiritual – e nem mesmo é algo espiritual, mas é como a existência é. Assim como uma árvore não existe sem seu meio, o ser humano não existe sem o restante da existência. Nossa definição abstrata do que é um corpo não inclui a terra, o céu, o vento, a chuva e o oxigênio; mas, se nos privarmos de uma dessas coisas, deixaremos de existir. Remova o sol e não existiremos. Retire o oxigênio, ainda que apenas por alguns minutos, e morreremos, não só porque precisamos dele, mas também porque *somos* oxigênio.

Sei que para algumas pessoas é difícil entender isso mesmo em um nível conceitual, pois fomos ensinados a pensar em cada coisa como separada de todas as outras. Mas sem todos os elementos desta terra não haveria o ser humano. A terra manifesta a si mesma como um ser humano, e o ser humano é a terra. Além disso, a terra não existe sem a galáxia. Aprendi recentemente que cientistas descobriram que temos cerca de dez vezes mais galáxias no cosmo do que se pensava anteriormente; eles agora estimam que exista um trilhão de galáxias. *Um trilhão*. Para atravessar somente a nossa, a Via Láctea, seriam necessários incontáveis anos-luz – e há um trilhão delas. É impressionante como o cosmo é gigantesco, vasto e assombroso. É altamente inspirador quando deixamos isso assentar em nós.

São necessários todos esses universos para criar um *você*, porque sem eles você não estaria aqui. Sem esse cosmo, o ser humano não existiria. Nosso pensamento fragmenta nosso mundo em partes, e tudo bem. Não é uma crítica ao pensamento, pois é o que o pensamento faz: ele precisa desmembrar o mundo em partes para então poder reuni-las, assim como faz um computador. No entanto, lembre-se: os computadores não existiam até que houve uma mente que conseguiu conceitualmente separar o mundo em partes, configurá-las de formas diferentes e únicas, e criar uma nova tecnologia chamada "computador" para poder reuni-las.

Fazemos isso com a língua, com os conceitos e ideias.

A habilidade de conceituar, ter ideias e ver como elas impõem uma separação sobre a existência que não lhe é inerente tem um propósito prático, mas isso não significa que a maneira como os conceitos dividem o mundo em partes e as descrevem como uma existência independente seja verdadeiro em relação à existência propriamente. Tudo está interconectado, mesmo se tendemos a pensar sobre o mundo como um amontoado de coisas separadas.

Não somos apenas interconectados, embora a interconectividade seja a melhor forma de descrever a experiência de perceber como nossos conceitos, ideias e definições das coisas se interconectam uns aos outros. Indo mais profundamente, podemos dizer que as coisas não se interconectam umas às outras – elas *são* uma só. Esse é o entendimento mais profundo, embora ainda seja uma compreensão superficial da unidade. Essa verdade está escancarada; não precisamos de uma inteligência extraordinária para vê-la. Vivemos tanto no mundo dos conceitos que esquecemos que eles estão separando algo que é indivisível, que nossos conceitos estão em desacordo com a percepção direta, real das coisas, e que entramos tanto no reino conceitual que deixamos de experienciar e de perceber as coisas diretamente. Isto é boa parte do que é a iluminação: a habilidade de perceber diretamente, sem olhar pelas lentes dos conceitos ou das ideias. Despertar é quando finalmente experienciamos nosso ser sem a interface de qualquer entendimento conceitual. Aquilo de que despertamos é o mundo conceitual.

Não se preocupe: despertar dele não significa perder a linguagem ou não conseguir mais usar conceitos. Ao contrário, você poderá começar a viver e a perceber a partir de um estado de ser e de um estado de consciência diferentes daquele que é definido pelo entendimento conceitual. É para isso que existe a investigação espiritual – usamos ideias e perguntas como "O que sou?" ou "Quem sou?", e começamos a ver que se pegarmos qualquer conceito ou um grupo de conceitos não encontraremos neles um *self*. Ao contrário, poderemos compreender que a verdade do nosso ser não é definida por nenhum conceito, e, se percebermos isso, teremos um despertar, que é como se despertássemos de um sonho. E despertamos! Despertamos do sonho vivido de perceber tudo pela mente conceitual.

A mente conceitual é um narrador. Nossa descrição de alguma coisa é uma narrativa; não é exatamente como as coisas são na percepção e na experiência diretas. É bom explorar a natureza de ideias e conceitos, a estrutura da língua e seu efeito em nossa mente e na forma como percebemos e experienciamos a vida. Até que possamos ver isso, estaremos percebendo e experienciando a vida por meio de todo um amontoado de conceitos e ideias que temos, e existe pouca esperança de despertarmos e percebermos a nossa realidade e a de qualquer outra pessoa ou coisa além de conceitos e ideias. Mas despertar não significa não ter mais ideias e não conseguir empregá-las para propósitos criativos e práticos; significa que nosso senso de realidade não é mais prisioneiro delas. É assim que os ensinamentos espirituais nos guiam ao desconhecido.

Vários ensinamentos esotéricos e religiões distintos falam do grande desconhecido, e como buscadores, normalmente tentamos pensar nisso como sendo um lugar, talvez um lugar interior chamado "O Desconhecido", porque pensamos estar nos referindo a nada mais do que uma ideia. Este é um entendimento incompleto: o desconhecido é uma forma de descrever a experiência direta de cada instante e não por meio do mecanismo indireto, distorcido do pensamento. Quando não estamos vivenciando e percebendo cada momento pelas lentes distorcidas do pensamento, temos uma experiência direta do que é. Então, *e só então,* realmente vivenciamos a unidade e o sentido do Uno absolutos – todo o mundo é o próprio ser de um indivíduo, e toda a existência é Deus, incluindo aquele que reconhece isso.

O lugar mais racional e poderoso para começar é consigo mesmo. Perceba o momento e a si fora de quaisquer conceitos, ideias, histórias, memórias e narrativas. Quando o fazemos, todas as distorções podem cessar, e, com elas, também "você" – o "você" que tem sido definido pela memória, conceitos e ideias. Para algumas pessoas, essa possibilidade é assustadora, pois o "eu" delas é o único eu que conhecem, e acreditam ser o único que existe. Se tudo é imaginado, quando deixamos de imaginá-lo ele não existe mais. No entanto, o que somos ainda está aqui, mas não mais definido ou vivenciado pela mente, conceitos e ideias.

O desafio de qualquer forma interna de trabalho espiritual é não perceber por meio da mente, conceitos, ideias, memórias, crenças e opiniões. Tudo isso exige pensamento, e existimos haja pensamentos ou não. Lembre-se: a realidade de alguma coisa não é a ideia que temos dela – incluindo você mesmo, o mundo, outros e Deus. A ideia que temos dessas coisas não é o que elas são; é uma ideia. O que é qualquer uma dessas coisas – o que é você, seu vizinho, seu amigo, o que é o mundo, o que é existência – sem a referência a um único pensamento? Se continuar procurando um pensamento complementar, ficará confuso; mas, se desprender-se dele, chegará (pelo menos por um instante) a um lugar onde tudo é desconhecido. Não saberá mais quem é nem quem é seu amigo ou vizinho. Não saberá o que é o mundo, pois não estará buscando a mente para dar-lhe uma representação conceitual de qualquer uma dessas coisas. Terá chegado a algo mais do que uma representação – a algo real.

O real não é encontrado em uma representação, mas *diretamente* – imediatamente anterior ao pensamento. Então podemos empregar o pensamento em tudo o que quisermos, porque este pode ser o que é: uma ferramenta. Cada uma das palavras nesta página representa algo que não é a palavra, e o mesmo ocorre com os pensamentos. Alguns pensamentos representam coisas – um pensamento-árvore representa uma árvore, e um pensamento-indivíduo representa um ser humano – mas um ser humano não é o pensamento-indivíduo, assim como uma árvore não é o pensamento-árvore. Quando começamos a suspender a mente, vemos que o pensamento pode ser útil – até mesmo criativo, algumas vezes –, mas não vai nos mostrar o que algo verdadeiramente é. Então temos o potencial para perceber a existência e nosso ser diretamente. É aí que o despertar pode acontecer.

Mesmo quando despertamos, devemos ser cuidadosos para não começar a acreditar nos pensamentos que temos sobre o despertar. Aqui existe uma armadilha. Algumas pessoas despertam e começam a pensar: *Bem, estou desperto; então o que penso é verdadeiro.* Essa é uma afirmação verdadeiramente ridícula. Alguns pensamentos podem ser representações mais exatas da realidade do que outros, e todos os pensamentos não são igualmente falsos. Alguns estão mais próximos da verdade; outros, mais afastados; alguns não têm nada a ver com a realidade, enquanto outros não representam nada, a não ser outros pensamentos. Portanto, para não continuarmos a viver até nosso último suspiro em um mundo meramente conceitual, abstrato – um mundo que é representativo, e não real –, devemos escapar disso. Quando o fazemos, experimentamos uma sensação extraordinária, como: *Ah, posso ter uma história, posso ter esses pensamentos, essas representações, e posso ter imagens do passado e do momento presente, mas eles não são o que sou. Eles não me definem. Jamais podem ser grandes o suficiente para capturar a realidade de alguma coisa.* Dizem que o pensamento-água não vai matar sua sede, não importa quão sofisticado seja seu entendimento de tal pensamento.

O pensamento não é o que ele representa. Tente compreender isso em seu âmago, no núcleo de seus ossos e no sangue que flui por suas veias: o pensamento não é a coisa. Então abrace o passo intermediário de desconhecer as coisas e, ao entrar no desconhecido, verá que este não é um lugar; é a realidade viva das coisas sob a ideia do desconhecido. O ponto não é passar o restante de sua vida dizendo "Eu não sei" para tudo; trata-se de sair do conhecido e perceber diretamente. Fazemos isso ao entrar na realidade vivida do não saber, que nos tira do conhecido, da ideia, para a realidade de si, de alguma coisa, de alguém. É um lugar em que as palavras são ferramentas úteis, mas não caímos mais em sua armadilha.

A SIMPLES ALEGRIA DE SER

É proveitoso refletir sobre o que é felicidade.

A cadeia de montanhas Sierra Nevada, próxima ao Lago Tahoe, é um dos lugares mais belos do mundo. Entre as melhores memórias da minha juventude estão os momentos que passei lá. Algumas das montanhas são altas para a América do Norte – cerca de 4.600 metros –, e o terreno é difícil, acidentado, mas altivo e deslumbrante. Aos 20 e poucos anos, costumava subir a Trilha John Muir e acampar durante semanas, até meses, absorvido no silêncio e na magnificência absoluta do ambiente. As montanhas eram meu templo religioso; eu as chamava de minha catedral. Eram um lugar de tremenda inspiração, paz e quietude. Sempre me senti conectado a essas montanhas.

Há alguns anos estava dirigindo sozinho na área, a caminho de um retiro. De onde moro são necessárias cerca de quatro horas para chegar às Sierras. Assim que cheguei ao pé das montanhas, ri alto e profundamente por uns bons dez minutos com a alegria de estar de volta. Estive em outros lugares belos e profundos, em locais selvagens que aprecio imensamente, mas para mim nada se compara a elas.

Parte da beleza de estar nas montanhas, especialmente quando se está acampando, é que o lugar exige cuidados, especialmente se estamos sozinhos e a semanas distantes de qualquer estrada.

É preciso ser cauteloso. Não se pode ser displicente, já que se corre o risco de quebrar um tornozelo – e poderia levar muito tempo até que alguém o encontrasse. Embora esses lugares selvagens sejam belos, sagrados e transbordem um sentimento do divino, não são um parque de diversões. O fato de estar só e longe de qualquer ajuda é parte da intensidade da experiência. A beleza de estar em verdadeiras áreas selvagens do mundo é que *entramos nelas seguindo suas regras*; se não as seguirmos, elas podem nos eliminar.

Anos atrás eu e um amigo fizemos uma viagem de dose dias pelas montanhas com mochilas nas costas, e na primeira noite em que acendemos o fogareiro, o cabo que o conectava ao bujão de combustível se partiu. Tínhamos toda aquela comida e nenhum fogareiro. Nas Sierras não é permitido acender fogueiras acima dos 3.500 metros de altitude, e a maioria das trilhas estava acima dessa altitude. Portanto, tínhamos um dilema. O engraçado foi que o fogareiro quebrou a um dia de caminhada do carro. Poderíamos facilmente ter retornado, mas jamais cogitamos voltar. Jamais considerei a possibilidade de não fazer aquela viagem. Quando alcançávamos áreas mais baixas, acendíamos pequenas fogueiras – o suficiente para cozinhar alguma coisa, já que estávamos tentando causar o menor dano possível – e às vezes comíamos nossa comida sem cozinhá-la. Lembro-me de que na última noite, a 36 horas do término da viagem, estávamos com pouco alimento. Tínhamos apenas um pequeno pacote de *mix* de *cornbread**e nenhuma chance de cozinhá-lo, pois estávamos próximos aos 3.500 metros e, portanto, não podíamos queimar nada (de qualquer forma, não havia nada lá para ser queimado). Eu estava faminto, pois tínhamos caminhado cerca de trinta quilômetros aquele dia. Então despejei a mistura em uma tigela, misturei com água e bebi toda

---

* *Cornbread* é um tipo de pão de milho típico da culinária do sul dos Estados Unidos, que acompanha quase todas as refeições. [N. de T.]

aquela gororoba. Bebi um pacote inteiro de mix de *cornbread*! Foi horrível, mas no dia seguinte estava feliz por ter feito aquilo, porque tínhamos outros trinta quilômetros pela frente.

Embora o sabor fosse horrível, na verdade curti aquela mistura crua, pois naquele momento eu estava em uma relação direta com a vida em seus próprios termos. Como seres humanos, estamos acostumados a fazer de tudo para nos sentir confortáveis. Pense em quanto tempo, energia e dinheiro gastamos para nos sentir confortáveis, preenchendo nosso tempo de lazer de forma que nunca temos momentos de quietude. Quando se está nas montanhas, não há nada disso – dorme-se em um colchonete fino; faz muito frio pela manhã, mesmo em pleno verão, quando se está acima dos 3.500 metros; é frio à noite e é preciso cozinhar e lavar todos os utensílios sem uma pia. É preciso ajustar-se ao ambiente constantemente, quase a cada minuto do dia, e se não nos ajustamos, podemos rapidamente acabar tendo um grande problema.

Isto é o que sempre amei em relação às montanhas: não há negociações. As montanhas não se esforçam para que nos sintamos confortáveis, e a beleza é perceber que não precisamos nos sentir confortáveis. Podemos estar cansados, com os pés inchados, os quadris doloridos, e ainda montamos a tenda, desempacotamos tudo, cozinhamos, limpamos e colocamos tudo de volta na mochila pela manhã. É uma tarefa após a outra. No entanto, muitas pessoas mantêm-se afastadas da natureza; acham a ideia de caminhar com uma mochila nas costas horrível. Quem gostaria de fazer isso? Quem gostaria de dormir no chão? Para algumas, isso soa como o purgatório, na melhor das hipóteses.

Isso me faz lembrar de quando comecei a participar de retiros em templos e mosteiros zen. Fazíamos um trabalho espiritual rigoroso, meditávamos por períodos de quinze minutos diariamente e fazíamos todas as nossas refeições em postura meditativa no salão de meditação, o que acrescentava mais três períodos em que ficávamos sentados. Uma das coisas de que eu mais gostava era que quem geria aquele ambiente, templo ou centro para retiros não fazia nada para facilitar minha vida. Eu tinha de me ajustar ao que eles estabeleciam, do contrário poderia ir para casa. Não havia negociação.

Lembro-me de ouvir a falecida mestra zen Houn Jiyu-Kenneth, que era a abadessa do mosteiro Shasta Abbey em Mount Shasta, na Califórnia, ensinando. Boa parte de seu treinamento zen fora feito em um dos maiores mosteiros no Japão, e ela foi a primeira mulher a passar pelo treinamento, que era uma experiência difícil – às vezes, infernal. Acabou sendo a primeira mulher a ser confirmada pela Soto School. A mestra Kenneth contou-nos uma linda história sobre um monge novato que não estava lá tempo suficiente para começar a reclamar – embora o fizesse da forma mais polida possível – de não ter espaço suficiente para dormir. Naquele mosteiro, dorme-se no mesmo espaço em que se medita e se come; à noite, a almofada de meditação é afastada para um canto e estende-se um fino *mat*. O novato aproximou-se do professor dizendo: "É um pouco apertado para mim. Preciso de um pouco mais de espaço para dormir". O professor respondeu: "Ah, por que você não dorme no chão?". Então o monge deitou-se no chão e o professor pegou um pedaço de giz e desenhou o contorno do novato. Depois colocou o *mat* sobre a demarcação e disse: "Tenho boas notícias. Você é menor do que o *mat* em que está dormindo. Tem espaço suficiente. Bom pra você!".

Não era o que o novato queria ouvir, mas de uma maneira gentil foi-lhe dito: "Este lugar não vai se modificar por sua causa, rapaz. Não há espaço para o ego aqui". Essa é a parte de que eu gostava nesses retiros, embora fossem desafiadores. Não há negociação; é preciso abrir mão do princípio do conforto, que pode tão facilmente começar a dominar sua vida. Começamos a compreender que estamos em um ambiente ao qual devemos nos adaptar; o ambiente não vai se adaptar a nós. Se estiver caminhando com sua mochila no alto das montanhas, ou você se adapta ou volta para casa ou morre. Em um templo zen, ou nos adaptamos aos procedimentos do local ou voltamos para casa. Não faz nenhum sentido argumentar com alguém, já que as regras não vão mudar por nossa causa, e quando se está preso ao ego pode ser bem difícil. É sempre possível encontrar várias formas de melhorar as coisas, mas em um templo zen ninguém lhe dá ouvidos, principalmente porque já ouviram de tudo.

Não sou um cara que gosta de rituais, não sou ligado a "formas" nem sou um religioso organizado – Arvis, minha principal mestra, ensinava em sua sala de estar –, mas uma das coisas que aprecio nos retiros zen, assim como estar nas montanhas, é que é um alívio deixar toda a busca por conforto e entrar em algo diferente. Algo em nossas profundezas alegra-se quando não mais precisamos estar preocupados o tempo todo com questionamentos do tipo *Como me sinto? Gosto disto? Não gosto? É o certo para mim? Não é?* Vamos a um supermercado e, meu Deus, existem tantas variedades de um produto! Podemos pensar: *Ah, como tenho sorte! Há trinta tipos de pasta de amendoim para escolher no supermercado.* Mas alguém em algum canto do mundo adoraria ter pelo menos um pote de pasta de amendoim, pois está morrendo de fome, certo? Para essa pessoa, tanta variedade é ridículo. Ter trinta opções de pasta de amendoim à disposição nos faz mais felizes? O fato de passarmos três ou quatro minutos extras coçando a cabeça e refletindo sobre qual produto vamos escolher acrescenta uma dose extra de contentamento?

O ponto aqui não é se temos muitas escolhas ou não; não estou falando sobre essas coisas externas, mas sobre nossa relação interna com elas. Descobri que posso ir para as montanhas e deixar para trás aquilo que dentro de mim está sempre analisando e refletindo. *Como isto está funcionando para mim, está o mais confortável possível e tudo está do jeito que quero que esteja?* Poderia me esvaziar de tudo isso e ir para um ambiente onde esse jogo não existe, pois ninguém está ouvindo. Podemos conversar com as árvores e sugerir que se movam para um local diferente, pois estão atrapalhando, mas elas não estão ouvindo e não vão se mover. Você pode esbravejar ou deixar pra lá. E quando você deixa pra lá é como se cada árvore estivesse no lugar perfeito. Como isso é possível? Como cada árvore sabe crescer no local perfeito? Há um minuto tudo parecia aleatório e equivocado, e agora parece ser divinamente planejado. É uma mudança de percepção, não é? Uma mudança de orientação, uma virada do coração, um desapego.

No Ocidente estamos focados no conforto. Moro em um lugar chamado Los Gatos, que é uma das cidadezinhas mais bonitas no Vale do Silício, bem ao pé das montanhas. Minha esposa, Mukti, e eu estávamos caminhando no centro da cidade um dia desses e passamos em frente a uma loja de colchões; todos os colchões na loja eram orgânicos, feitos de material especial e eram a coisa mais altamente engenhosa que alguém poderia comprar. Eu ri. Precisamos de camas tão perfeitas? Aprendemos que é o conforto que nos faz felizes, e que ter tudo o que queremos ou o máximo que quisermos e pudermos nos fará felizes. Ter as coisas funcionando do jeito que queremos nos deixa felizes. Ter uma variedade infinita de escolhas de uma mesma coisa nos faz felizes, certo?

Não me entendam mal; se tenho as escolhas à minha frente, vou escolher o que quero e reconhecer a ridícula boa sorte de viver em um lugar que oferece essa variedade de escolhas. Sei que não voltaremos a ter três tipos de pasta de amendoim – já existiam mais de três quando era criança, e isso já há bastante tempo.

De certa forma, é por isso que estou falando de estar em áreas selvagens – porque acho que é bom para nós. Ocasionalmente faço coisas para me manter familiarizado com a fome, o desconforto e o frio. Saio do meu caminho algumas vezes para me sentir menos confortável, para não perder o contato com a vida.

Tenho consciência de que sou extremamente privilegiado e posso voltar correndo para o conforto sempre que quiser, porque essa é a posição em que me encontro e o país em que vivo. Temos uma proporção embaraçosamente alta de pessoas na pobreza, mas, apesar disso, somos um país extraordinariamente rico. Entramos em nossas casas e ligamos o aquecedor ou o ar-condicionado; ao escurecer, acendemos as luzes. Mas, quando temos coisas além de nossas necessidades, estamos constantemente gerenciando a vida, e é por isso que pode ser bom retornar às montanhas e caminhar por elas em seus próprios termos. Existe uma liberdade nessa experiência crua e direta da vida. Na natureza selvagem, quando escurece, vamos para a cama. Mesmo que fiquemos acordados, lendo um livro com a ajuda de uma lanterna, a bateria pode acabar e só nos resta dormir.

É proveitoso refletir sobre o que é felicidade. Falo de formas mais profundas de satisfação associadas ao despertar e à revelação espirituais. Em um nível mais relativo, vez e outra você reserva um tempo – tempo real – para contemplar o que o faz feliz? É bom ter coisas confortáveis, e é ótimo tirar da geladeira algo gostoso sempre que quiser, mas isso é *prazer*, não é *felicidade*. O que o deixa feliz? O que contribui para a sua felicidade? O que rouba a sua felicidade?

Quando contemplamos tais perguntas de forma profunda, elas podem nos trazer de volta aos nossos sentidos, de volta ao nosso centro, ao nosso coração e ao nosso ser. Podemos voltar a amar as coisas simples e apreciá-las. Podemos notar que estamos mais felizes quando contribuímos para o bem-estar de alguém; ser uma presença positiva ou benevolente na vida de alguém é uma grande contribuição à felicidade.

Sentirmo-nos confortáveis a cada segundo não necessariamente nos faz felizes. É isso que descobri quando retornei às montanhas, o que faço todos os anos: há uma felicidade que é um aspecto de *ser*. Ser é, em si, felicidade. Mesmo além da bem-aventurança de ser, o que contribui para a felicidade, o florescer, o amor e a alegria? As coisas que chegam à minha mente não são as coisas que me trazem mais leveza e conforto. Encontro satisfação em ações como contribuir para o bem-estar de outros, amar bem e me conectar com a natureza.

Existem tantas formas de conexão íntima, não é? As conexões íntimas que temos com amigos, companheiros ou familiares. Às vezes, podemos encontrar um estranho na fila do supermercado e ter uma conexão íntima. Em um nível profundo, podemos ter uma conexão íntima com a verdade do nosso ser, com a dimensão sagrada da vida e com o que chamamos de "o mundo à nossa volta". O mestre zen Dogen falava da iluminação como uma intimidade absoluta com as dez mil coisas. No budismo, quando alguém diz "as dez mil coisas" está se referindo a tudo. O que é a iluminação? Uma intimidade absoluta com as dez mil coisas. Isso é felicidade.

Para um mestre espiritual, ver a alegria no rosto de alguém é maravilhoso. Testemunhar alguém dando o próximo passo em sua própria evolução – talvez seja um salto, talvez seja mínimo – é algo lindo. Existem coisas que contribuem para a felicidade – nossa e de outros –, e é bom refletir sobre elas sem assumir que já sabemos. Quando refletimos, podemos perguntar *quanto da nossa energia, da nossa força vital estamos colocando no que nos faz felizes*. Contemple sobre o que contribui para a sua felicidade. Você poderá se surpreender com algumas das coisas que irá descobrir.

Pode ser interessante ver como você contribui para a felicidade do outro. Não se perguntando como *deveria* fazê-lo – não transforme isso em uma grande viagem de culpa –, mas, sim, *como fazer*. Não creio que precisamos ouvir o que nos faz felizes, ou o que faz os outros felizes; ao contrário, precisamos estar tranquilos e contemplar o que nutre a felicidade. As coisas que fazem as pessoas felizes tocam o coração humano e a alma humana.

Existem atividades que o movem ou despertam um senso do sagrado, e elas podem não envolver perambular pelas montanhas. Quais são essas atividades para você? Quais são as coisas que o ajudam a se reconectar? Quanto tempo você reserva para dedicar-se a elas? Contemple isso, pois poderá descobrir que os meios para o seu bem-estar e o de outros estão bem mais perto do que imagina. É quando todos esses elementos começam a se reunir – felicidade, bem-estar, amor e compaixão – e você começa a sentir que eles são simplesmente formas de falar, viver e vivenciar a mesma coisa.

A MENTE PURA DE BUDA

É o nada onde tudo acontece.

Explorar a experiência subjetiva significa explorar a experiência que se tem no momento e o que está tendo a experiência. Na espiritualidade, aprendemos que um dos problemas que compartilhamos – a razão de sofrermos, de não percebermos o mundo ou a nós mesmos como um todo unificado – é que nossa mente é condicionada, assim como nosso corpo e, portanto, a forma como percebemos e experienciamos a vida também é condicionada, o que é verdade. Um pensamento comum é: *se pudéssemos descondicionar a mente o suficiente, poderíamos despertar ou alcançar a iluminação.* Por isso, praticantes espirituais diligentemente tentam eliminar o máximo possível de condicionamento. Se tentamos fazer isso ou não, há uma parte de seu ser e de sua consciência que não é notada – esta é a natureza pura da consciência.

Se prestar atenção, você vai perceber que a mente e os pensamentos de qualquer pessoa são condicionados. Boa parte do condicionamento é inútil; boa parte leva a mal-entendidos, sofrimento, medo, raiva ou violência. Há também um condicionamento que é como a programação de computadores, que faz seu coração bater e seus pulmões funcionarem sem que você tenha de pensar sobre isso ou mesmo entender como acontece. No entanto, há também um aspecto da consciência em todos e em tudo que não é condicionado. Não importa quão condicionado esteja, o aspecto mais essencial da consciência é não condicionado e sempre permanecerá puro. Colocado de forma simples, a consciência que está ciente da natureza condicionada de sua mente, corpo e até mesmo da natureza condicionada da consciência é em si não condicionada. Você está percebendo este momento – exatamente agora – com a consciência não condicionada, com a consciência pura. É a experiência de notar que sua mente está conversando consigo mesma em uma infinidade do espaço silencioso. Portanto, não importa quanto sua mente converse consigo mesma, ela o faz a partir do silêncio. Qualquer palavra que surge em sua mente emerge em uma consciência sem palavras, e cada sentimento é sentido por algo que não é um sentimento.

Dizem que não conseguimos ouvir nossa audição nem saborear nosso paladar ou tocar nosso toque, assim como não conseguimos fisicamente nos apropriar de nenhuma dessas formas de percepção. Considere a audição: ouvimos de forma condicionada. Tudo o que ouvimos passa pela matriz da mente e, ao fazê-lo, nossa mente nos diz se é prazeroso ou desagradável, se gostamos ou não, se concordamos ou discordamos, e assim sucessivamente. No entanto, mesmo quando está acontecendo, esse processo ocorre em um estado de consciência anterior que é não condicionado e livre do ego. O ego existe dentro de um estado não egoico, da mesma forma que o ruído do pensar existe em um espaço silencioso, sem palavras.

Estou escrevendo a partir da experiência direta imediata, uma experiência para a qual qualquer pessoa pode olhar e ter; não estou sustentando uma teoria filosófica profunda. Podemos indefinidamente tentar nos descondicionar, mas o problema é que continuamos a adquirir condicionamentos tão rapidamente quanto nos livramos deles. Podemos tentar nos descondicionar ou notar que o fundamento de nossa consciência já é não condicionado. O condicionamento pode surgir dela e manifestar-se nela, mas o fundamento da consciência é em si não condicionado. Em termos budistas, é a mente pura de Buda – não a mente pensante, não a mente conceitual – onde as conceituações acontecem e onde o condicionamento pode surgir e ser vivenciado e sentido. Em sânscrito, a palavra *buda* significa "desperto" ou "iluminado". É como se sua percepção consciente, nesse sentido, fosse Buda.

É difícil perceber isso quando estamos tentando mudar qualquer aspecto da experiência. Estamos acostumados a tentar mudar nossa experiência constantemente; não somos muito habituados a deixar nossa experiência em paz. Se a deixássemos em paz com todas as nossas percepções – sem interpretá-las, sem imaginar se são certas ou erradas, ou condicionadas ou não –, se deixássemos tudo como é, começaríamos a intuir que a natureza da consciência, a natureza da percepção consciente é como o espaço e o céu: desobstruída. É o nada, mas é o nada onde tudo acontece. No entanto, deveríamos ser cuidadosos com esse tipo de afirmação – que a natureza absoluta da consciência é pura e que é nela onde tudo acontece –, porque nossa mente poderia pensar que é *outra coisa* e não o que ocorre. A natureza imaculada, pura da percepção consciente não se torna pura em algum momento; ela já é. Mesmo se alguma impureza ou ponto de vista distorcido e condicionado surgir nela, ela em si não é distorcida – mas também não é separada ou diferente do que emerge.

Tudo que surge, que é experienciado, sentido, conhecido e percebido começa em nossa consciência. Não há como ter uma experiência que não emerja na percepção consciente. Se tudo sempre emerge na percepção consciente – quer reconheçamos isso ou não –, então nada pode ser separado e diferente da consciência consciente, pois jamais vamos encontrá-las existindo separadas uma da outra.

Entendo que é fácil filosofar e fazer todo tipo de perguntas interessantes sobre a natureza da realidade com base no que eu disse, mas por ora não quero entrar em debates filosóficos mais profundos sobre se existe alguma coisa sem que estejamos cientes dela. Algumas escolas de espiritualidade diriam que não, que nada existe até o momento em que nos tornamos conscientes de algo, enquanto outras diriam algo diferente; mas não vou entrar nesse debate agora. O que quero destacar é que exatamente agora, neste instante, o que estiver em sua consciência é, por necessidade, condicionado (até certo ponto) pela consciência que é consciente do momento. A consciência que é consciente do condicionamento não é em si condicionada.

Estou forçando as fronteiras da linguagem aqui – afirmando que a natureza da consciência pode ser condicionada e não condicionada simultaneamente –, mas, se notar isso, o próprio ato de notar é puro e não condicionado. O segundo ato – de pensar no que se nota, vê ou ouve, analisando e descrevendo para si mesmo ou para alguém – é condicionado. Condicionamento nem sempre significa algo "ruim", já que é ele que está fazendo seu coração bater agora e estimulando seus neurônios. Há muita conversa nos círculos espirituais sobre como nosso condicionamento pessoal cria caos, sofrimento, raiva e perturbação. Por isso, tendemos a pensar no condicionamento somente em um sentido negativo, mas, como mencionei anteriormente, há inúmeros condicionamentos que são positivos. A maioria das coisas que estão acontecendo em seu cérebro agora para ajudá-lo a ter a experiência deste momento está acontecendo por si só, pois é condicionado – é programado.

Houve um mestre zen do século 17 chamado Bankei Yotaku. Enquanto era um buscador, tentava meditar dia e noite, a ponto de suas pernas quase se atrofiarem e ele quase morrer de tuberculose. Quando estava prestes a morrer, teve um grande despertar. Ele chamou esse despertar de "a mente não nascida de Buda" e apontou que as coisas simples – como ouvir e saber o que ouvimos – ocorrem por causa dessa mente. O que ouvimos pode ser condicionado, mas a mente não nascida de Buda, não; o que vemos pode ser condicionado, pode depender de todo o seu ambiente para a sua existência e, portanto, ser condicionado pelo seu meio, mas não a mente não nascida de Buda.

Não estou dizendo que a consciência é separada do ambiente, em absoluto, pois não é; contudo, para esta investigação, tente ver quanto sua consciência é não condicionada – não os pensamentos que flutuam em sua consciência, não os sentimentos que emergem nela, mas a consciência e a percepção consciente propriamente. Você pode pensar sobre si mesmo no ambiente a que me refiro, mas quando compreendemos e percebemos que existe uma natureza não condicionada de nosso ser que é imaculada entendemos que esta é uma mente de Buda. Essa mente não condicionada e pura existe em cada um de nós.

Não estou sugerindo que tente se esconder nessa mente de Buda, fugir de todos os seus condicionamentos ou qualquer outro tipo de tolice. Boa parte da cura pode ocorrer quando o aspecto condicionado de seu ser interage de forma consciente e inteligente com a natureza não condicionada da consciência. Quando o condicionado e o não condicionado se encontram de uma maneira consciente, temos um solvente tremendamente poderoso para o condicionamento desnecessário. Ver o condicionamento e o não condicionamento como duas coisas é como ver algo a partir da perspectiva de cara e coroa: de um lado é condicionado, do outro, não condicionado. No entanto, quando trazemos nossa consciência para isso há um outro elemento: estamos cientes do que está acontecendo.

Estar consciente da consciência é diferente de estar inconsciente da consciência. Estar ciente da natureza pura do fundamento de seu ser consciente – de sua mente de Buda – é um estado de ser profundamente diferente de existir do que conhecer somente a natureza condicionada de seu ser. Não se trata de ter um ou outro; trata-se de ver ambos os lados da mesma moeda. Quando se está consciente da natureza *condicionada* e da natureza *não condicionada* de seu ser, acontece uma interação, uma transformação, pois a consciência é sempre o todo.

Algo tremendamente libertador ocorre quando o não condicionado encontra o que é condicionado – sem preferir um em detrimento do outro, sem se agarrar ao não condicionado e afastando o condicionado, mas vendo que ambos existem simultaneamente. É incrível perceber que desde o início havia um aspecto da consciência, um aspecto da percepção consciente que era imaculado, não condicionado e que permanece assim indefinidamente. É transformador porque inclui muito mais de seu ser em seu reconhecimento consciente. Não me refiro ao que lhe é *consciente*, mas à natureza de sua consciência propriamente: ela já é clara, não condicionada e livre, pois não existem mais ideias para distorcê-la. Assim que se agarra a uma ideia, esta começa a condicionar sua consciência – a condicionar a forma de ver as coisas, de senti-las e de pensar sobre elas.

Até mesmo quando o processo de condicionamento está ocorrendo e se desdobrando, ele acontece na natureza imaculada de Buda, na natureza não condicionada da consciência ou da percepção consciente. Isso é incrivelmente simples. Quando o percebemos, perguntamo-nos como nunca o havíamos notado antes, pois não é algo oculto; não há nada de obscuro nisso e nenhum pensar complicado que nos leva a isso. Colocado de forma simples, para este momento não estamos flutuando na corrente conceitual. A mente pode estar conversando consigo mesma, mas faz isso dentro de um espaço que não é o falar.

Pense na consciência como um espaço para o que é. Imagine que você vá a uma sala de concerto. Se não há uma orquestra sinfônica, a sala está silenciosa. Se houver uma orquestra, há música; mas a orquestra só pode ser ouvida porque há silêncio na sala, mesmo quando há ruídos. Sei que é difícil entender isso, pois estou sendo translógico no momento: *como pode haver som e não som?* Pare e olhe. Se não houvesse silêncio para o som existir, não haveria som – eles andam juntos. Uma banda de rock pode entrar na sala de concertos e tocar e, de repente, as paredes vão tremer com o som da música, mas isso não altera a natureza do espaço – o espaço é o mesmo, esteja preenchido por ruídos, por um bom rock, um rock ruim, boa música, jazz ou por nenhum som. A natureza do espaço na sala é como a natureza do céu – as nuvens surgem e se vão, a neve chega e desaparece, mas o céu tem sua própria pureza e sua própria forma de ser desobstruída. É por isso que o céu é usado como uma metáfora para a natureza não condicionada da consciência, porque ela já está aqui, e não importa o que aconteça no céu – ou na consciência –, ela permanece tão pura quanto sempre foi. Nuvens e neve são coisas que existem no espaço do céu, sem nunca de fato obscurecê-lo.

O céu e a orquestra são metáforas para nossas experiências mais imediatas e para nossa percepção mais imediata de ser. A mais imediata é o silêncio não condicionado – um silêncio semelhante a quando nossa mente para de conversar consigo mesma. Então existe um outro silêncio, um silêncio mais sutil e mais fundamental, que é o silêncio em que sua mente está conversando consigo mesma. No entanto, o silêncio em que sua mente conversa consigo mesma é ainda silencioso; ainda é ele próprio, mesmo quando sua mente está conversando nele e criando ruídos. Estamos sempre pensando em termos dualísticos – silencioso ou não silencioso, ruidoso ou não ruidoso –, mas a descrição das coisas não é como as coisas são. Pode haver tanto silêncio quanto som: não pode haver som sem o silêncio, e quando há som ainda é silêncio. Até mesmo dizer isso é contraintuitivo.

Se não acreditamos que a realidade precisa se conformar às nossas ideias dualísticas sobre a realidade, então podemos prestar atenção a como as coisas são e não em como as conceituamos. É aí que podemos chegar à mente pura de Buda – a consciência que é sempre silenciosa, sempre desperta, sempre presente e sempre aqui. Não é uma experiência, mas é o espaço onde ela emerge. Portanto, não é diferente da experiência e não é separado. Reconhecer isso é transformador e benéfico, pois se obtém um espaço seguro para o condicionamento que não funciona bem ou que não é verdadeiro para evoluir. Pode ocorrer uma transformação por meio do sentir a interação, sutil ou óbvia, do condicionado e da natureza pura, não condicionada de sua consciência.

Aquiete-se

O que significa dizer "Eu sou"?

Pense nesta expressão: *aquiete-se*. Não "fique quieto", que pode soar mais como uma ordem, como algo que deve ser feito – "Fique quieto!". *Aquiete-se* é diferente. Não é um comando e implica que há algo acontecendo exatamente agora, algo chamado "quietude", que podemos ser. "Fique quieto" pode ser interpretado como: *ah, há algo que devo fazer. Eu tenho que ficar quieto, e posso fazer isso bem ou não*. Mas "aquiete-se" não lhe diz para fazer algo ou não.

O que "aquietar-se" significa para você? Somente pronunciar essas palavras nos leva a experienciar uma quietude. Não estamos tentando ficar quietos, e não estamos tomando as palavras como uma instrução ou algo que devemos fazer. A frase é mais imaginativa; é um pequeno sussurro que ocasionalmente flutua pela mente... Aquiete-se. É uma forma de dirigir a atenção para a quietude, e não de sugerir que tentemos *produzir* quietude; e essa é uma grande diferença. Pode parecer sutil a princípio, mas eu sugeriria que não é. Assim como a mente pura de Buda que já existe, "aquietar-se" é algo de que podemos estar cientes e notar. Perceba o aquietar-se.

É engraçado como no mundo humano podemos ter dificuldade para encontrar um lugar onde nós, seres humanos, estejamos aquietados de forma reconhecível. Somos uma espécie ruidosa, e posso estar contribuindo para esse ruído bem agora com minhas palavras. Quando adentramos um ambiente natural ou saímos de qualquer ambiente onde há várias pessoas fazendo barulho, é surpreendente quanto da vida é silencioso e calmo, e é incrível quanto "ser" existe nessa quietude e nesse silêncio.

Grande parte da espiritualidade está explorando a natureza de ser e de existir. *O que significa existir? O que é ser? Quem sou eu?* Essas perguntas investigam profundamente o mistério de ser. Há algo sobre as pessoas que encontramos que se encaixam nessa categoria que estou chamando de "ser" – algum aspecto que não é definido por sua profissão, pela religião que seguem, por sua história familiar ou por suas esperanças para o futuro. Há algo mais imediato do que isso quando encontramos alguém, e o que estamos encontrando é o ser dessas pessoas. É algo que habitualmente não consideramos porque ser não é conceitual. Podemos falar de nosso trabalho, de nossos interesses, do que gostamos e desgostamos; mas sobre ser ou existir, não há muito para discorrer – pelo menos na superfície. À medida que nos aprofundamos, vemos que ser é o mistério essencial de nossa existência. O que significa dizer "Eu sou"? "Eu sou" é em si um mistério incrível.

Espiritualidade é, no final, a exploração de ser; é a exploração da nossa experiência, da nossa percepção de ser, de existir, do nosso *self*, da nossa vida, e não apenas dos nossos, mas da natureza da própria existência. É difícil conceituar ser, mas, sempre que encontramos uns aos outros, encontramos ser; cada vez que interagimos com qualquer aspecto da vida, que é o que estamos fazendo agora, devemos ser para fazê-lo. Qual é a natureza de seu ser ou de seu existir? O que você é no nível de ser? O que é você no nível mais profundo e fundamental? Você era ser antes da linguagem, assim como um recém-nascido está sendo. As crianças têm seu complemento pleno de ser, mesmo que não pensem em uma única palavra e mesmo que ainda não tenhamos lhes ensinado nada. Assim que aprendemos palavras e a linguagem, elas envolvem nosso ser e ficamos hipnotizados por aquilo que falamos.

Faço o meu melhor para não ser hipnotizado por aquilo que digo. Estou tentando comunicar algo que não é a palavra, que não é a língua, mas isso é entendimento imediato, instantâneo e intuitivo. Se ficamos muito presos à mente conceitual, perdemos de vista nosso *insight*. Embora esteja usando conceitos neste momento para explicar isso, e você esteja usando conceitos para entender o que estou escrevendo, há algo mais fundamental. Qualquer momento consciente é um momento de ser. Temos esses momentos quando sentimos o deleite ou o êxtase espontâneos e naturais de ser e existir, em qualquer forma, e ser – existir – é em si bem-aventuroso e belo. O que acontece nessa experiência é às vezes vivenciado como belo, e algumas vezes a experiência é tudo menos bela, mas não somos ensinados a prestar muita atenção ao ato básico de existir. Somos ensinados a prestar atenção à nossa autoimagem e à nossa ideia de nós mesmos: *sou espiritual o bastante? Sou materialista? Sou talentoso ou não? Quão bonito sou? O que faço pelo meu trabalho? Quais são meus interesses?* Quando estamos tentando nos descrever para alguém, fazemos referências a todas essas coisas. A parte engraçada é que o núcleo da nossa existência é a experiência fundamental de ser e existir, apesar de as palavras não conseguirem comunicar plenamente o que é ser.

Estou certo de que existem pessoas que passam toda a vida sem refletir por uma fração de segundo sobre isso. Não sou uma delas; sou um daqueles que sempre sentiu a experiência de ser como surpreendente em seu mistério. Não significa que seja sempre bom – às vezes ser é sentido como terrível –, mas a pura experiência de ser é liberdade. Não ser isso ou aquilo, não ser algo que possa ser descrito por meio do que se fez ou do que se gosta ou desgosta, ou o que for, mas o mero ato da existência é um milagre espantoso.

Quando digo "milagre", não estou camuflando todas as dificuldades que acontecem na vida. Entretanto, ao longo dela tudo é a experiência de ser. Não estou transformando ser em algo; não estou afirmando "existe essa coisa dentro de nós chamada 'ser'", como se tivéssemos uma essência secreta. Ser é algo simples; é o mero ato de existir. Nesse sentido, ser e consciência são a mesma coisa. Ser é estar consciente de alguma forma e vivenciar o milagre de ser. O fato de existir algo que não seja o próprio nada demanda consciência, demanda uma percepção consciente. Portanto, "ser" é sinônimo de "percepção consciente" ou de "consciência". Desejamos ser. Desejamos a bem-aventurança de ser, a liberdade disso e a alegria de nos entregar ao ser – não ser isto ou aquilo, ou alguém, ou ser nada, ou não importa como você defina, mas ser.

A meditação é a arte de ser. Infelizmente nós a transformamos na arte de fazer. Perguntamos: *O que estou fazendo? Estou meditando. Bem, o que é isso? Bem, estou tentando ser.* Às vezes introduzimos muito esforço desnecessário ou um conflito que não precisa ser parte disso. A meditação é a arte de aquietar-se, de ser, e não é preciso fazer nada para ser – você é e eu sou. Nada é exigido para que você seja. "Eu sou" não exige nada mais, e não há necessidade de definir além disso. *Eu sou bom, eu sou mau, eu estou certo, eu estou errado* – esses pensamentos também são parte da vida, mas nada disso define ser. O mero ato da existência, o mero ato de ser e da consciência é seu próprio milagre.

Ser, consciência, verdade, bem-aventurança, a palavra em sânscrito *satchitananda*... Quando damos atenção à experiência, isso é ser de forma consciente, e não de modo inconsciente, e conscientemente ser e não adormecer na roda motivado por impulsos e condicionamentos. Ainda estamos sendo, mas estamos sendo de forma inconsciente. É por isso que na espiritualidade usamos a palavra "despertar": despertar significa que não estamos mais adormecidos na roda. Sim, se estamos adormecidos ainda somos, mas estamos sendo de uma maneira inconsciente, com a mera força bruta do condicionamento atuando ao longo de toda a nossa vida. Podemos ser dessa maneira, mas não é satisfatório.

Muita aflição emerge se o máximo que podemos atingir é ser de forma condicionada, e tristemente esse é o ponto mais alto a que a maioria das pessoas chega em sua exploração. No entanto, ser é ser consciente sem tentar ser isso ou aquilo, e experienciar o fundamento de seu ser que dá origem à bem-aventurança. Esses aspectos da verdadeira natureza nem sempre são claros, especialmente quando estamos perdidos na mente conceitual ou no corpo emocional. Esses são dois pontos de referência a que as pessoas se agarram, já que algumas são orientadas conceitualmente e outras, emocionalmente. Ambas têm suas forças e suas fraquezas, mas não estou olhando para ser a partir de uma posição conceitual ou emocional. Ser é algo mais primário e mais fundamental.

Ser é a real natureza fundamental do que somos. Isso soa paradoxal – somos tudo e nada –, mas em tudo isso somos a mente imaculada de Buda, a pura consciência não condicionada, e somos também o ambiente completo. Isso significa que somos um com o todo – que não é um *com* tudo –, porque *somos* tudo. Somos tudo e somos nada, e qualquer palavra que queiramos dar a isso, também estamos sendo – estamos sendo nada, estamos sendo tudo. O mero ato de ser em si, de existir, é o entendimento mais fundamental de "eu sou". Nenhuma definição, nenhum *eu sou isto, eu sou aquilo, eu sou bom, eu sou mau, eu estou certo, eu estou errado, eu sou espiritual, eu não sou espiritual, eu sou iluminado, eu não sou iluminado*. Tudo isso é o mundo das descrições, mas anterior a este mundo está o "eu sou", e mesmo anterior a isto, existe ser. No ser não há tensão, ansiedade ou medo ou avaliação; existe pura presença, pura existência e pura quietude.

É importante não descrever o indescritível demasiadamente, e sim preencher a lacuna entre as descrições, tão fortes ou tão fracas quanto possam ser, para alcançar sua mais profunda e mais direta experiência de ser – a bem-aventurança, a clareza e o profundo senso de que "tudo está bem". Quando estamos conectados a isso, temos uma nova base a partir da qual vivemos a vida e encaramos os desafios.

Nascimento, vida e morte

Em nenhum momento a onda é algo que não o oceano, e em nenhum momento o oceano é algo que não a onda.

Toda a nossa existência tem a ver com o nascimento, o viver a vida e com o ápice final na morte. Todos os três processos podem ser encontrados em uma variedade de formas – como encantamento e alegria, como sofrimento e tormento, como alívio e paz; todo o espectro da experiência humana. Podemos supor que estamos envolvidos somente na parte do viver, mas todos os três estágios andam juntos – não se pode ter um sem o outro.

Quero avisar de antemão que vou mergulhar por baixo das visões convencionais de nascimento, vida e morte; se pretendemos olhar profundamente para essas coisas, devemos quase esperar que vamos abordá-las a partir de uma perspectiva não convencional. Nesse sentido, "uma perspectiva não convencional" significa a partir do ponto de vista da consciência desperta.

Pensamos em nascimento, vida e morte como sequenciais: nossa vida terrena começa no nascimento e termina com a morte. A partir dessa visão convencional, é difícil argumentar com a realidade que vivencia essas coisas. Vivenciamos o nascimento ao nascer, experienciamos a vida quando estamos vivos e então, no sentido convencional, pensamos no fim da nossa vida como a morte. O zen-budismo ensina-nos que a Grande Matéria, toda a razão para a meditação e a prática espiritual, é solucionar a pergunta relativa ao nascimento, vida e morte. Essa é a grande tarefa a ser empreendida. Em vez de "solucionar", pense nisso como "esclarecer", pois "solucionar" implica que terminamos a tarefa – encontramos a resposta e ela tem certa finalização. Mas mesmo quando "esclarecemos" alguma coisa, ainda estamos passando por ela, e a palavra não necessariamente indica finalização.

A busca pela iluminação é realmente a observação extraordinariamente profunda e o ser curioso em relação à nossa experiência presente. Muitos de nós acreditam que a procura pela iluminação é uma busca por uma experiência que não está presente no momento, algo que deveria ser chamado de "uma experiência iluminada", mas é importante compreender que isso é um mal-entendido sobre o que é a iluminação propriamente e sobre o que abre a porta para que a graça da iluminação desperte em nós. Não a encontramos porque estamos procurando uma experiência específica chamada "iluminação". A iluminação revela-se por meio da exploração da nossa experiência do momento. Não importa qual seja, pois a exploração da experiência é a exploração da natureza da experiência e do chamado experienciador – estes são um e o mesmo.

A iluminação, ou o despertar, é como trincar a noz da experiência; é como abrir nossa experiência de forma vasta, profunda, mas envolve uma atenção intensa, focada no momento presente da experiência. A iluminação não é encontrada na aquisição de uma experiência diferente ou na tentativa de mudar nossa experiência do momento. O ato de olhar para a natureza de seu nascimento e morte, de observá-la, afetará sua experiência de observação. Começará a mudar sua experiência de forma positiva, porque é melhor ser mais consciente. Entretanto, ainda que sua experiência mude pelo ato de observá-la, a iluminação não é a procura por uma experiência modificada. Ainda que a iluminação vá mudar a experiência e nossa percepção do momento presente, se nós a abordarmos como se estivéssemos procurando uma mudança, perderemos o que são a forma, o caminho e o método.

Deveríamos pensar sobre como nos envolver com esse anseio espiritual. Poderíamos usar as palavras "iluminação", "liberdade", ou "unidade" ou "o mistério de Deus" – existem diferentes terminologias que podemos utilizar –, mas fundamentalmente estamos todos interessados na verdadeira natureza da nossa experiência presente de ser. Em outras palavras: *O que somos? O que sou? O que é este mundo? O que é o nascimento? O que é a vida? O que é a morte?* O que são esses fenômenos além do que nos foi ensinado e de nosso entendimento convencional? Nosso entendimento convencional não nos ajuda. Nossas formas convencionais de entender nascimento, vida e morte acabam nos confundindo e finalmente criando mais tensão, ansiedade, medo e sofrimento do que é necessário.

Tente conectar essas afirmações intuitivamente com sua experiência. Isso não significa que você vivenciará tudo exatamente como estou descrevendo, mas não quero que leia isso como se fosse um compêndio de todas as informações que você está adquirindo ou absorvendo – isso é uma interpretação errônea do que realmente é o *dharma*. O que os budistas denominam *dharma*, ou verdade espiritual, não é algo que possamos aprender. Não é como ficar sentado assistindo a uma aula de biologia, química ou física e então aprender mais sobre biologia, química e sobre como solucionar equações de física. Na espiritualidade, estamos nos esforçando para ir além da mera informação, além da coleta de ideias, conceitos e formas teóricas de entendimento. Se compreendermos de forma profunda o básico sobre como abordar a espiritualidade, vamos desperdiçar bem menos tempo.

Quando digo "você vai desperdiçar bem menos tempo", quero dizer que todo o esforço para solucionar ou esclarecer a Grande Matéria do nascimento, vida e morte pode durar menos anos – se não menos décadas ou vidas – se compreendermos como abordá-la. Se não soubermos como fazê-lo, é como se alguém lhe entregasse um instrumento e dissesse "tudo bem, vá e aprenda a tocá-lo". Você pode produzir sons e encontrar notas, mas criar música quase sempre exige certa direção. Se for aprender a tocar um instrumento, e se for fazer o melhor uso de seu tempo e tornar-se o melhor músico que puder, é essencial que saiba como praticar. Você não apenas assopra e espera que a música comece a brotar; há uma técnica prescrita de como tocar um instrumento. Ainda que a espiritualidade não seja equivalente a aprender como fazer algo, é importante que pelo menos entendamos a abordagem básica que guiou outros buscadores espirituais.

A abordagem básica nesse exemplo é por um momento abrir mão de buscar algo fora de nossa experiência presente. Podemos gostar dela ou não, mas de qualquer forma se trata de uma exploração profunda no exatamente aqui e agora. É isso que a espiritualidade e as disciplinas espirituais são para nós. É importante compreender para que servem – do contrário poderemos usá-las para correr atrás de algo no futuro, o que fará com que não façamos nada além de correr em círculos, assim como um cachorro corre atrás do próprio rabo.

Para explorar nascimento, vida e morte, perguntamos "O que somos?". Novamente, o que vou lhes oferecer aqui são palavras, mas lembrem-se: estou tentando apresentar as palavras mais precisas possíveis sobre como percebo as coisas. Se não tomarmos a descrição pelo que estou descrevendo, talvez as palavras possam ser úteis. É como ir a um restaurante e não confundir o cardápio com a refeição; o primeiro ajuda a nos orientar e dizer ao atendente que prato queremos, mas não vai satisfazer nossa fome nem nos oferecer os nutrientes que nosso corpo almeja e necessita. E assim é com um ensinamento como este. Minhas palavras são como o cardápio, mas a refeição será encontrada em sua experiência individual. Minha sugestão é intuitivamente sentir e sentar-se com o que estou dizendo, embora isso se apresente por si só em você.

Geralmente, nossa visão convencional de nós mesmos – de qualquer coisa, na verdade, mas neste caso, de nós mesmos – é simples. Pensamos ser limitados pelo contorno externo de nossa pele e de certa forma contidos em nosso corpo; intuitivamente existe uma sensação de que, de alguma maneira, "eu estou aqui, seja o que eu for", que há um "eu" que está em meu corpo. A maioria das pessoas, quando solicitadas a intuitivamente sentir onde está o seu *self* no corpo, dizem que ele está em algum lugar atrás dos olhos. É como se houvesse uma sensação – não uma realidade, mas uma sensação – de que algum homenzinho ou mulherzinha ou estrutura de ego está dentro de nós, operando nosso corpo e vivenciando a vida através dele. Você pode ter uma crença de ser puro espírito ou pura consciência, ou como quiser rotulá-la – e, se vivenciar isso, então é realmente algo totalmente diferente –, mas aqui estou tratando de como a pessoa mediana vivencia a si mesma.

Se olharmos para esse aspecto de um nível mais profundo, a maioria de nós vivencia a si mesmo essencialmente por meio de como a mente conversa com ela mesma – a forma como sua mente conversa com você sobre você –, e isso é alimentado e gerado pela memória. Imagine se de repente você não tivesse mais memória, de modo que se olhasse para trás, para quem você era no passado, não haveria infância, adolescência e nenhuma referência – nem mesmo de cinco minutos atrás, nem mesmo de um minuto atrás

–, nenhuma memória de algo que o antecedeu. Pode ver como nem iria saber quem você era? Isso é quanto nos apoiamos na memória a partir da perspectiva do ego. Acontece inconscientemente. Não ficamos sentados por aí dizendo: "Vou me lembrar de mim mesmo", mas a memória está armazenada nas células de nosso cérebro e ela é o filtro pelo qual vemos este momento; ela colore cada ação e cada experiência. Nossas experiências são filtradas pelo passado, mas, se vislumbrássemos que não existe passado – se de alguma maneira você fosse "jogado" onde está, como se tivesse acabado de chegar ao planeta Terra –, quem ou o que você seria?

Se não houvesse memória e de repente você se tornasse consciente, a sensação seria algo como *Uau, onde estou?*, pois não haveria nenhum ponto de referência ou história para dizer onde você está, para lhe dizer se está em sua casa ou se o relógio que está usando é seu, de onde conseguiu as roupas em sua bagagem. Contemplar isso ajuda-nos a sentir quanto nosso senso de *self* é derivado da memória, do passado. Isso acontece tão automaticamente que não estamos conscientes do processo, mas, de qualquer maneira, é o senso mais internalizado de quem somos. Dizer que se deriva do passado é também uma forma de dizer que é procedente do seu condicionamento, pois é o passado que nos condiciona a ter certas opiniões e a sentir de formas diferentes certos eventos. Entretanto, se não tivéssemos nenhuma memória, não iríamos experienciar a nós mesmos como nossas ideias e sentimentos diários sobre nós; não teríamos nada para gerar um *self*.

Às vezes, quando as pessoas têm um vislumbre do que estou dizendo aqui, elas experienciam uma combinação de excitação e medo. É como se dissessem: "Uau, existe liberdade!", pois se tornam aliviados da bagagem psicológica que está contida e é trazida para o momento presente pela memória. Se não houvesse bagagem, todos os problemas de ontem ou de dias anteriores de repente não existiriam mais; a vida começaria de nova maneira neste instante, pelo menos no tocante a você, pois não seria capaz de lembrar-se do instante anterior.

Estou pintando esse quadro para que possamos ver a fragilidade do nosso senso de *self* convencional derivado da memória. Não é algo que de fato tenha muito a ver com o momento presente. Quando começamos a examinar nossa verdadeira natureza e começamos a perguntar "O que sou?", começamos a espreitar além de nossas identificações com o passado. Toda a memória está armazenada em nossas mentes por meio de imagens, pensamentos e sentimentos. Se prestássemos atenção, não levaria muito tempo para ver que não sou um pensamento, nem você. Outra maneira de entender isso é trocar de lado e olhar pela perspectiva do ego: *sou só derivado*. O ego é apenas procedente de pensamentos e memória e do estado de sentir do momento. É assim que ele se constrói momento a momento; é criado a cada instante pela memória, pelo ato de conversar consigo mesmo e dos sentimentos que este solilóquio e a memória geram.

Essa é uma forma básica de explicar o que está construindo nosso senso de ego-*self*. Intuitivamente, a sensação é de que *estou aqui em algum lugar* – em algum lugar em minha cabeça ou em meu corpo. *Estou aqui e estou operando essa coisa* – como se o corpo fosse um carro e você estivesse no banco do motorista. No entanto, quando o examinamos, rapidamente isso começa a ruir. Começamos a ver que a forma como somos ensinados e quem somos derivam de nosso pensar e sentir e da memória.

Mesmo quando não estamos engajados em um ato consciente de memória, quando não estamos pensando – e com a prática da meditação podemos começar a notar momentos quando não estamos pensando –, não desaparecemos numa nuvem de fumaça;

algo de nós ainda é. É fascinante se começamos a explorar isso. Notamos que, ao nomear algo – como "árvore" ou "carro" ou "nuvem" ou "pedaço de papel" ou o nome que recebemos ao nascer –, adotamos uma maneira condicionada de ver a coisa nomeada. Vemos nosso corpo como esse objeto que se move pelo tempo e espaço, à medida que caminha pela terra e se move pelo ar. No entanto, se olhar para seu corpo, você vai notar que cada parte dele está conectada a seu ambiente. Normalmente pensamos: *Não sou o ar. Preciso de ar, mas não sou o ar.* Mas você existiria sem o ar para respirar? Você existiria sem água? E de onde vem a água? As nuvens, os riachos, os rios, a chuva e os elementos que formam todo o seu corpo são todos encontrados em nosso ambiente, ou do que chamamos de "o mundo externo". Cada aspecto do corpo depende do mundo externo; é totalmente um produto do meio.

Temos esse sentimento porque nos foi ensinado que "eu" estou contido em um corpo, que "meu" corpo é um objeto discreto que caminha pelo mundo e que se move pela vida. Mas, se paramos para analisar, compreendemos que essa noção e o sentimento intuitivo que o acompanham são ilusórios. Compreendemos que – como frequentemente digo ao ensinar e disse anteriormente neste livro –, nós somos nosso meio. Não existimos sem nosso meio ambiente; não existiríamos se não houvesse chuva, se não houvesse minerais armazenados nas rochas, se não houvesse alimentos. Cada parte de nosso corpo-mente é um produto do meio; remova o meio e não haverá tal coisa como um corpo-mente.

A forma convencional como definimos as coisas cria limites, como se cada coisa fosse diferente ou separada de seu meio. É por isso que quando temos profundas aberturas e realizações espirituais, as construções de limites desaparecem, e nos sentimos como sendo a totalidade e como inteiros. Essa é a experiência de unidade ou de unicidade ou de não limites. Sabemos que somos todo o meio ambiente e que todo o meio está simultaneamente surgindo neste momento como um corpo específico. Está tomando a nossa forma, e todas as formas que vemos. Não significa que perdemos nosso corpo específico, mas nosso corpo específico é o universo, da mesma forma que, se olharmos para a nossa mão, ela está conectada ao braço, que está conectado ao ombro, que está conectado ao peito, que está conectado ao restante de nosso corpo. Podemos dizer que uma mão é diferente de um cotovelo ou de um ombro, e às vezes pode ser útil pensar assim; mas, no instante em que o fazemos, começamos a pensar e a sentir e mesmo a perceber a mão como algo abstrato. O conceito de sua mão termina em seu pulso, mas uma mão sempre inclui um pulso e um braço, que inclui todo um corpo. Se sua mão fosse reconhecer a totalidade do que ela é, não seria algo que começaria em seu pulso; isso é uma ideia. Algumas vezes essas ideias sobre as coisas podem ser úteis, mas não são verdadeiras.

Os nomes, os limites dados às coisas são ilusórios; não existem limites, pois todas as coisas confluem para todas as outras, assim como o nascimento, a vida e a morte. No estado profundo de compreensão reconhecemos que todas as coisas são todas as outras. De repente rompemos a maneira como nossos conceitos distorcem nossa percepção e, portanto, nossa experiência, e intuímos que um único grão de areia toma um universo inteiro. Portanto, em um sentido profundo, um único grão de areia é o universo, e o universo é um único grão de areia. É a mesma coisa; as linhas limítrofes são puramente conceituais.

Em experiências espirituais profundas, as linhas limítrofes ruem e temos uma experiência ilimitada de ser – ou, falando de forma mais precisa, sem limites. Isso causa uma sensação extraordinária de liberdade, bem-estar e intimidade com todo o meio e com nossa unidade com todas as coisas. Essas não são apenas banalidades que soam bem ou conceitos simples ou sofisticados com os quais alguém deveria ou concordar ou discordar; são tentativas de emprestar às palavras a percepção presente, de reconhecer a existência de uma maneira específica – de uma maneira mais verdadeira. O ego-mente é criado por meio da memória e de conceitos, e estes, por sua própria natureza, criam limites, porque toda vez que chamamos alguma coisa por um nome, ela só é relevante em relação ao que não é. Como disse, parte do despertar é começar a ver e a vivenciar a vida diretamente, não através de todos esses limites criados pela língua e pela memória. A profunda revelação espiritual nos mostra que não somos separados de tudo que é, que a vida propriamente não tem início ou fim e que está sempre mudando de forma. A água transforma-se em vapor, cai ao chão, resfria, torna-se gelo, é aquecida, derrete, torna-se gás e assim por diante. Uma árvore cai na mata e seus elementos, de volta ao solo, se decompõem soltando nutrientes e dando vida a novas árvores e a novos elementos, e as novas árvores caem e a vida não finda; a energia é conservada, a vida muda de forma e nunca há mais ou menos dela.

Se estamos identificados com uma forma específica, vamos vivenciar essa coisa chamada morte como a ameaça final – em outras palavras, como o "meu" fim. Você está acreditando no seguinte: *eu me identifico com a vida que se apresenta desta forma específica* – como você se olha no espelho ao acordar pela manhã –, *e a morte será o fim desta forma; portanto, será o meu fim*. Se é assim que estamos identificados e se é dessa forma que experienciamos a vida, teremos medo da morte, pois vamos vivenciá-la como nosso fim. Em um sentido real será, pois o ego-*self* não sobrevive à morte e à transformação da forma. Quando a vida muda de forma – isso é a morte –, nada em relação à vida, à importância deste ser, mesmo o corpo físico, vai para algum lugar;

ela não desaparece, mas muda de forma. Alguém poderia dizer "Bem, ter essa ideia espiritual ou religiosa é agradável para me consolar", mas lembre-se: não estou falando de ideias. Estou bastante ciente de que meramente acreditar no que estou ensinando aqui é de pouca ou nenhuma utilidade. Se acreditar nisso, essa crença pode atrapalhar significativamente a forma de vivenciar isso, porque você irá se agarrar à crença e não se importar com a profunda experiência.

Não estou falando de uma filosofia ou de uma ideia reconfortante; não estou falando de uma forma completamente diferente de vivenciar a vida de momento a momento. Quando entendemos isso em um nível profundo e fundamental, compreendemos que não existe nascimento ou morte, pois de alguma forma não surgimos do nada e nos tornamos alguém só para desaparecer no nada novamente – essa é uma impossibilidade. A vida toma uma forma, e buuum! Há um bebê onde não havia nada antes que está mudando ao longo de toda a sua existência: ele está crescendo e à medida que envelhece começa a "decrescer" novamente ou a encolher. Mesmo nosso próprio corpo, que pensamos ser tão estável, está em um processo constante de mudança; as células estão morrendo continuamente, o que significa que elas estão mudando de forma, que novas formas estão surgindo, e essa é também uma maneira de mudar de forma.

Se nos equiparamos ao ego-mente, então, sim, a morte é uma coisa real; mas, se despertamos para a totalidade da existência – se não nos virmos mais como separados dela –, a morte não é o fim de nada, exceto da vida assumindo esta forma específica. Às vezes sentimos pesar porque amamos a vida se apresentando como uma determinada pessoa, e o que eu estou examinando aqui e agora não é uma negação disso; às vezes, quando a vida muda sua forma e não é mais a forma de nosso amigo ou de nossa mãe ou de nosso amado, vivenciamos ausência, pesar e dor. Entender a Grande Matéria do nascimento, vida e morte não é uma negação de que mudanças acontecem. É ver que a existência, a vida como tal, está em constante estado de mudança, mas ao mudar de forma não há uma diminuição da vida de alguma forma. Se estamos identificados com o todo, então compreendemos que não passamos a existir no momento chamado nascimento nem deixamos de ser no momento chamado morte. Haverá mudanças fundamentais e radicais pelas quais a vida passa; o nascimento é uma mudança radical da forma que a vida assume, e a morte é também uma mudança radical, já que a vida não está mais naquela forma conhecida. Esse entendimento a que estou chegando não é uma negação de mudança. Estou apontando aqui para uma realização mais profunda de "O que sou?". Uma parte crucial do crescimento espiritual ou da iluminação é despertar da alucinação dos limites.

Pratique reconhecer como a língua – cada palavra que falamos – impõe esses limites sobre as coisas; nomear alguma coisa é separá-la de seu meio. Quando nomeamos algo, é como se pegássemos um lápis e desenhássemos esse objeto de acordo com a forma como o definimos. Se defini-lo de uma forma diferente, o contorno muda. Mas a vida não tem esses contornos. Uma coisa não existe de um lado da linha e como outra do outro lado; existe um *continuum*. Mesmo que uma árvore pareça ser diferente de uma flor e um ser humano pareça ser diferente de um cachorro, e mesmo que a vida assuma uma variedade infinita de formas, configurações, cores, texturas e personalidades, lembre-se de que é tudo vida. É como o oceano assumindo inúmeras formas de diferentes ondas, mas em nenhum momento a onda é algo que não o oceano, e em nenhum momento o oceano é algo que não a onda. Assim que falamos a palavra "onda", é como se uma onda fosse essa coisa que flutua sob a superfície do oceano. Nossos limites definem a onda como se ela existisse separadamente, de uma forma que não é e não pode ser.

Veja como o hábito de nomear coisas parece separá-las de seu ambiente, embora o que for que esteja nomeando jamais exista independente de um ambiente. Seu corpo não existe independente do meio. Seu nascimento não acontece independente de sua morte. Em um sentido profundo, o universo é uma extensão de seu corpo verdadeiro, e seu corpo é uma forma que o universo está assumindo agora. Pare para pensar, reflita com calma e encante-se com isso, como uma criança – com curiosidade, com uma suavidade da mente e uma sensibilidade do corpo.

Você é Buda

Sua forma deixará seu ser – com ou sem compreensão –, mas a sua realidade não passa a existir ou desaparece do nada.

Dizer que toda a prática do zen é esclarecer – ou solucionar – a Grande Matéria do nascimento, vida e morte é uma tarefa difícil. Esse acerto de contas, esse estar em paz com o nascimento, vida e morte como as várias formas que a sua realidade única assume é (ao menos em parte) o que significa despertar espiritualmente e alcançar a iluminação. Podemos todos estar seguros de que pelo menos nós, seres humanos, temos o nascimento, a vida e a morte em comum.

Vamos começar com a experiência do nascimento. É uma experiência definitiva, não só para quem está nascendo, mas para as mães que estão dando à luz. O ato do nascimento define a mãe e a criança. Com sabemos, os mestres zen normalmente usam koans, ou perguntas existenciais, como ferramentas de ensino. Várias dessas perguntas são formuladas de tal modo que amarram nossas mãos conceituais às costas na esperança de que caiamos na revelação ou no despertar; caiamos na experiência direta e não na experiência que foi adaptada e distorcida pelo nosso entendimento, pelo passado, ou por ideias que temos em mente. O koan usado com frequência pergunta: "Quem era você antes de sua mãe nascer? Quem era você antes de seus pais nascerem?".

Com uma pergunta assim, alguém poderia facilmente começar a filosofar: *deixe-me pensar, bem... se eu era puro espírito, então eu era puro espírito ou pura consciência flutuando no vazio da atemporalidade, e então meus pais tiveram uma noite excitante e maravilhosa e... Buuuum! Fui impulsionado para o ventre da minha mãe, só para ser empurrado para este evento chamado vida.* Se levar sua especulação para um mestre zen, você receberá um peteleco conceitual – se não um literal – na cabeça, como uma forma de dizer: "Vamos lá, saia dessa. Você ainda está olhando as coisas por meio de conceitos, de ideias e de suas descrições". A descrição não é o que é descrito; sua descrição de algo está longe, muito longe do que está descrevendo. Lembre-se: *não tome o cardápio pela refeição.* Isso parece óbvio quando se vai a um restaurante, mas no restante da vida, é exatamente o que nós, seres humanos, fazemos. Estamos substituindo nossas descrições de nós mesmos e do mundo ao nosso redor e de todas as coisas – Deus, realidade, vida, cada um de nós – e nos esquecemos de que nossas descrições das coisas nada têm a ver com as coisas propriamente.

Se pudéssemos ficar só com esse ponto! Resistimos, embora seja óbvio que, quando paramos para pensar, a descrição de algo tem muito pouco a ver com o que estamos descrevendo. A descrição do que parece ser tomar um copo de água não cria a experiência do que é tomá-la – não produz a sensação de frescor da água, seu estado líquido, o fluxo da água nem o sentimento de ter a sede saciada. A descrição mais sofisticada de algo tão simples quanto a água não pode causar nenhuma dessas coisas, pode? Porém, olhe para nossas vidas: estamos infinitamente tomando nossas descrições das coisas pelas coisas em si e, assim, divorciamo-nos da realidade e de nossa experiência direta. Isso conduz a uma sensação de isolamento e alienação.

É como estar em uma cela de onde é possível ver a vida fora das paredes da prisão por uma janela, mas a única conexão que se tem com a vida lá fora é um registro de alguém descrevendo como é do outro lado daquela parede – o brilho do sol, as árvores, a chuva, a textura da paisagem – e, assim, você sente uma alienação de si mesmo, dos outros e da vida. O intelectual pensa: *se eu tivesse uma descrição melhor das coisas, não iria me sentir tão alienado.* Acredite, eu adoro descrições detalhadas, exatas e belas das coisas – é muito do que tento criar quando ensino –, e posso apreciar a criatividade e o talento artístico e a utilidade delas, mas nunca tento tomar a descrição de algo pela experiência direta.

Quanto mais próximos nos tornamos de entender essa experiência direta, mais humilde torna-se o processo, e mais podemos começar a explorar as questões de nascimento, vida e morte. *Quem sou eu? De onde vim? O que é essa coisa chamada vida – essa imensidade onde, me parece, estou caminhando e cujo ar respiro e com a qual estou lidando constantemente? O que é a vida? O que é essa coisa que chamo de mundo, de universo ou cosmo?* As perguntas sobre nascimento e vida naturalmente nos conduzem às perguntas sobre a morte. *O que é a morte além do medo da morte? Qual é a realidade da morte? Não da sua morte, mas de qualquer morte: o que está acontecendo quando a morte acontece?*

A morte é um momento radical de mudança. A vida não assume mais uma forma específica, a forma do que morreu – seja você, um ente querido, um animal, um inseto, uma folha que cai de uma árvore ou uma maçã que cai ao chão. A essência da morte é uma mudança, uma transformação, e está acontecendo constantemente. A vida depende disso, pois é movimento, é mudança, é como uma chama ardente, e não é estática. Nascimento, vida e morte são formas de descrever mudanças ou transmutações: algo se transformando em outra coisa, o tronco da árvore tornando-se o solo da mata novamente, sendo reabsorvido, decompondo-se em elementos, somente para ser parte daquilo que alimenta outra árvore ou a grama. Nesse sentido, a vida é eterna. Sim, ela está sempre mudando, pois é impermanente por sua própria natureza, mas a morte não é o que imaginamos ser. A morte é o fim da vida assumindo uma forma específica. Quando a vida deixa de assumir tal forma, podemos sentir falta dessa forma, podemos sofrer por isso, e pode ser de cortar o coração abandonar uma forma que a vida assumiu – a forma de um ente querido, de uma criança, da avó, do avô, do melhor amigo, do amado, da esposa ou do marido. Não quero minimizar isso, mas a realidade desse ser – a realidade dessa vida, sua qualidade essencial – é infinita e imortal.

A vida não sai de algo para o nada; sabemos disso porque a ciência nos diz isso. As coisas mudam de forma, mas nunca há mais ou menos vida. Se nos identificamos estritamente com uma forma específica, então a morte parecerá uma catástrofe, e vamos começar a buscar maneiras de fugir da morte, de sobreviver e, de algum modo, de escapar da rede de mudanças. Posso pensar que vou habitar várias formas de vida, assim como um piloto pode se sentar nos assentos de diferentes aviões ou um motorista pode entrar e sair de diferentes carros; existem muitas maneiras de os seres tentarem tapear a realidade da morte. No entanto, a realidade não é o que nos contaram; a realidade não tem a ver com fins, mas com transformações, com a vida se transformando de uma forma para a próxima.

A vida é um processo constante de nascimento e morte. O nascimento em si é a vida mudando de uma forma para outra. A vida não começa quando saímos do ventre de nossa mãe, e não cessa quando nosso coração deixa de bater; o nascimento acontece continuamente, a vida está acontecendo continuamente e a morte está acontecendo continuamente. A perspectiva iluminada é ver que somos o todo, embora também sejamos a vida assumindo uma forma específica. Isso não é uma negação desta forma específica; as pessoas acham que a unidade é de algum modo uma negação de singularidade ou de distinção, mas não é. A vida de fato assume formas únicas, assim como uma forma não se parece com outra na superfície, no reino da visão, dos odores, sabores e toques. Uma forma é distinta de outra forma – uma árvore parece diferente de uma rocha, e esta é diferente de um ser humano –, mas todas elas são compostas de vida. Estou usando a palavra "vida" aqui para abarcar tudo que é.

É preciso todo um universo para criar um ser humano. Se não há universo, eu não existo, você não existe. Para retornar à minha analogia da onda, você é como uma onda no oceano, mas é também o oceano, pois a onda é totalmente formada de oceano e jamais o deixa. Não existe tal coisa como uma onda flutuando dois metros acima da superfície do oceano, separada dele. A onda está sempre conectada: ela é o oceano, é o oceano ondulando. Nossa vida é como uma onda: começa e, então, um dia, deságua na praia e essa forma desaparece. Há menos água? Não. Mas a onda em si desapareceu? Sim, completamente. Se gostávamos daquela onda específica, podemos sentir a falta dela e sofrer, porque o oceano não está mais assumindo aquela forma.

Isso é diferente de nossa visão convencional sobre a morte, segundo a qual alguém desaparece da existência quando morre. Se você já esteve com alguém que está morrendo, sabe que a mudança de forma, o momento da morte, é discernível. Mesmo que esteja de olhos fechados no instante em que isso acontece, você sabe: é um momento poderoso. É uma honra estar presente quando alguém faz a passagem, pois é uma experiência intensamente profunda e tocante, mas a morte é vivenciada diferentemente quando sabemos que a vida não desaparece assim como a forma. É por isso que as pessoas podem perder um ente querido e de repente senti-lo em todos os lugares. Pensamos nisso como uma experiência poética – a imaginação humana projetando a memória de alguém que amávamos – e como algo que fazemos com nossa mente e nossas ideias, mas existe também uma realidade além das ideias. Essa pessoa sempre foi vida, e, embora a forma que a vida assumiu tenha desaparecido, a vida em si está em todos os lugares. Sentir que alguém está em todos os lugares não é meramente um conforto romântico criado por aqueles que estão de luto. Toca uma realidade fundamental: as formas mudam, e há um momento definitivo da mudança da forma, mas não há mais ou menos vida.

Quando um cristão contempla a realidade de Cristo, se mergulhar fundo, finalmente começará a compreender que Cristo não era uma figura histórica. A história conta-nos que havia alguém chamado Jesus, e que a vida assumiu a forma daquele homem, ou talvez Deus assumiu aquela forma; mas Jesus – transcendente de uma forma – era toda a vida, o tempo todo. No antigo texto cristão não canônico do Evangelho de Tomás, Jesus disse: "Rache a lenha, e eu estou aqui. Erga uma rocha, e encontrar-me-á aqui". Vários relatos falam dos cristãos contemplativos descobrindo a realidade de Cristo em todos os lugares, inclusive na forma de seus próprios corpos. Existem também relatos de budistas que de repente compreendem que seu corpo é o Buda, assim como cada outro corpo e tudo o mais. Essa compreensão não é exclusiva, e não consiste em acreditar que "eu sou o Buda e você não é" – isso ainda é uma ilusão.

"Buda" é uma palavra para o que dá origem a todas as formas, é todas as formas e sobrevive à mudança de formas. É a essência, a realidade e o fundamental. Estou tentando usar uma palavra convencional, neutra, chamando isso de "vida". A vida transcende todas as formas. Tive a experiência de perseguir minha natureza de Buda (como falamos no budismo), olhando à minha volta, para dentro de mim, para todos os lugares, até que de repente compreendi que *eu sou a natureza de Buda. Tudo em mim é a natureza de Buda*. E tudo em *você* é a natureza de Buda, e toda a existência é a natureza de Buda, e a ausência de existência é a natureza de Buda. Que descoberta libertadora e liberadora! Não há mais o medo da morte quando vemos isso e vivenciamos isso dia após dia, pois a morte não significa fins essenciais. Não há mais ou menos vida, e não há mais ou menos de você.

Conta-se que quando as pessoas estavam lamentando a morte iminente de Ramana Maharshi, que sofria de um câncer, ele perguntou: "Por que vocês estão tão ligados a este corpo? Para onde posso ir? Eu estou aqui". Ele já tinha identificação com o universal; ou, como ele disse, só há o *self*. Estou usando a palavra "vida" da mesma forma que ele usou a palavra *self* – só há o *self*. "Para onde posso ir?" Tudo já é o *self* ou a vida. Só porque o *self* deixou de assumir a forma que chamamos de Ramana não significa que o *self* desapareceu da existência. Ele ainda está perfeitamente presente em todos os lugares e em todas as coisas. A forma de Ramana mudou, morreu ou fez a passagem, mas o *self* – a totalidade da forma, reduzida à sua biologia e química e o que transcende sua biologia e química – está em todos os lugares. Ele não está mais presente na Índia do que em San Francisco ou Pittsburgh, Amsterdã ou Paris, ou no topo de uma montanha verdejante, ou em um belo templo budista ou em uma igreja que conheceu séculos de devoção. Quando vemos a realidade das coisas, paramos de brigar com o que é ou não a verdadeira forma.

Nossa verdadeira natureza não passa a existir no nascimento e não deixa de ser na morte; somente nossa forma, a forma que a vida adotou, passa a existir no nascimento e deixa a existência na morte. É por isso que quando despertamos, quando alcançamos a revelação, sabemos que não há nascimento ou morte em algum sentido essencial; há a mudança de formas, mas não o começo e o fim de uma existência. Em zen, quando dizem que a verdadeira razão para todo o esforço espiritual é resolver a Grande Matéria do nascimento, vida e morte, é isso que querem dizer.

Juro a você que existe uma resolução para a Grande Matéria do nascimento, vida e morte. Essa compreensão não os livra dos desafios da vida, do viver ou do nascer ou morrer. Não significa que você não vai sofrer pelo falecimento de alguém, mas será diferente se não pensar erroneamente que o que esse alguém foi desapareceu. A forma que ele assumiu se foi, e você pode ter amado a apreciado a forma – assim como pode sentir a falta do *self* ou da natureza de Buda ou da vida assumindo tal forma –, mas não há mais ou menos vida, não há mais ou menos natureza de Buda e não há mais ou menos Cristo. Existe uma forma totalmente diferente de vivenciar nascimento, vida e morte: não é uma negação desses aspectos, mas é ver o que eles são e, portanto, é libertador. Sua forma deixará de ser – com ou sem compreensão –, mas a sua realidade não passa a existir ou desaparece do nada.

Digo isso como uma forma de encorajar a autoinvestigação. Você pode acreditar ou desacreditar no que ensino – é sua prerrogativa –, mas nada disso importa. Acreditar não é mais significativo do que desacreditar, pois acreditar em algo não é equivalente a vivenciá-lo, assim como desacreditar em algo não é equivalente a vivenciá-lo. Enquanto estivermos no reino da aceitação e da rejeição, acreditando e desacreditando, viveremos em um mundo de abstração. É isso o que os professores espirituais querem dizer – pelo menos é o que eu quero dizer – ao afirmarem que estamos vivendo em um sonho. Portanto, acreditar ou desacreditar não é o ponto.

Encorajo-o a ter uma curiosidade profunda e genuína, uma determinação profunda para ir além do mundo que é criado por conceitos e ideias (não importa quão úteis possam ser) e uma intenção de despertar de uma vida abstrata – de gostar do que sua mente lhe diz para gostar, de desgostar do que a mente lhe diz para desgostar, de concordar com o que sua mente condicionada lhe diz para concordar, de discordar daquilo que sua mente condicionada lhe diz para discordar, e de tudo o que fica girando em círculos incessantemente em um sonho desperto. Muito do impulso espiritual genuíno vem da insatisfação de viver nesse sonho. O verdadeiro instinto para a iluminação, para o despertar ou para Deus vem de algum tipo de insatisfação – de não mais querer viver uma vida abstrata, de não mais querer que sua vida continue a contribuir para um mundo de pesar, de prestar atenção ao desejo de ter a experiência rica e profunda de ser em vez de uma criada pelo que se acredita. Esse é o verdadeiro impulso para a iluminação.

Espero ter lhe fornecido algumas dicas valiosas sobre como lidar com isso, sobre como mergulhar sob o mundo condicionado e do ego-*self* imaginado para sua verdadeira natureza, pois somos todos Budas; só existe o Buda, e só há o *self*. Cristo está em tudo o que olhar. Jesus – o homem, a forma que Cristo assumiu – nasceu, viveu e morreu, mas o Cristo que Jesus sempre foi em essência está em todos os lugares constantemente – somos todos filhos de Deus nesse aspecto. A procura vociferante, desesperada e motivada pelo medo do divino ocorre quando estamos convencidos de que o divino está em todos os lugares fora do aqui e agora. Transforme sua busca em uma curiosidade: reconecte-se com seu senso de encantamento e admiração, vá para os lugares silenciosos dentro de si e se deixe ser levado além da mente conceitual. Confie nos espaços silenciosos dentro de você, pois eles são os sutras máximos da existência.

O Despertar Autêntico é uma resposta à crescente necessidade de direção no caminho espiritual, após experiências de ampliação da consciência. O autor aponta as armadilhas e becos sem saída que "não nos iluminam" ao longo da jornada, incluindo a artimanha da falta de sentido, de como o ego pode "cooptar" a percepção para seus próprios propósitos, a ilusão de superioridade que pode acompanhar intensos avanços espirituais e o perigo de ficar "embriagado do vazio". Este livro é um convite para a investigação honesta de quem você realmente é – e como viver depois de se descobrir.

Há algo em você que é mais brilhante do que o sol e mais misterioso do que o céu noturno. Você decerto suspeitou de tais coisas secretamente, mas já mergulhou a fundo em sua misteriosa essência? *Sua essência: a dança do vazio* é um livro para você e sobre você. Trata do seu despertar e de lembrar quem você é de verdade; de abrir seus olhos ou seu coração ao milagre pleno de sua natureza íntima e infinita. Mas esteja avisado: o despertar espiritual não é o que você imagina.

OUTROS TÍTULOS DA EDITORA MEROPE

Círculo Sagrado de Luz
L.B. Mello Neto (canalizador)

Orações do Sol
Espírito Joehl, canalizado por L.B. Mello Neto

A Essência da Bondade
Espírito Jheremias, canalizado por L.B. Mello Neto

Quem É Você
Espírito Eahhh, canalizado por L.B. Mello Neto

Toda doença é uma cura
Espírito Eahhh, canalizado por L.B. Mello Neto

Flua
Louis Burlamaqui

A Arte de Fazer Escolhas
Louis Burlamaqui

Domínio Emocional em uma Era Exponencial
Louis Burlamaqui

O Casamento do Espírito
Leslie Temple-Thurston com Brad Laughlin

Retornando à Unidade
Leslie Temple-Thurston com Brad Laughlin

TIPOLOGIA:	Garamond [texto e entretítulos]
PAPEL:	Off-white 80 g/m² [miolo]
	Cartão 300 g/m² [capa]
IMPRESSÃO:	Formato Artes Gráficas [agosto de 2023]